Backen mit Wilma Kögel

Im Selbstverlag
und
Verlag Arbogast

ISBN 3 - 87022-238 - 7

1. Auflage 1997, 2. Auflage 1998

Anschrift der Autorin: Wilma Kögel, Im Blümel 7, 67354 Römerberg
Fotos und Zeichnungen: Mitautor Hermann Kögel
Technische Herstellung: Verlag Franz Arbogast, 67731 Otterbach

Liebe Leserinnen und Leser,

mit diesem Buch möchten wir uns sowohl bei allen Backkursteilnehmerinnen als auch bei vielen Stadt-Gottes-Leserinnen bedanken, die großes Interesse an unserer Arbeit gezeigt haben und uns ermutigten, unsere jahrelang erarbeiteten Backrezepte in einem Buch festzuhalten.

Das Besondere dieses Fachbuches liegt in unserem Bemühen, die Rezepte und die Arbeitsmethoden der klassischen Konditorei für Hausfrauen umzusetzen.

Großen Wert legten wir dabei auf die haushaltsüblichen Zutaten der Rezepte und vermieden bewußt Backmischungen und Halbfertigprodukte.

Die Arbeitsweise ist für viele etwas fremd, hilft aber sicher, auf rationelle Art hochwertige Backwaren herzustellen. Die Rezepte sind tausendfach erprobt und bei genauer Beachtung der Schritt-für-Schritt-Anleitung ist Ihnen der Erfolg sicher.

Mit dem Kauf unseres Backbuches unterstützen Sie mit DM 2.00 die Arbeit der Deutschen Welthungerhilfe. Gleichzeitig soll diese Spende auch daran erinnern, daß es nicht für alle Menschen selbstverständlich ist, Kuchen und Torten zu backen und Feste zu feiern.

Wir wünschen Ihnen viel Freude und Erfolg beim Ausprobieren unserer Bäckereien und ein großes Lob Ihrer Gäste.

WILMA KÖGEL
Hauswirtschaftsmeisterin

HERMANN KÖGEL
Konditormeister

Wichtige Tips rund ums Backen

Arbeitsweise
Der kürzeste Weg zum besten Ergebnis; diese Überlegung ist bei allen Rezepten und Arbeitsgängen berücksichtigt. Jeder Handgriff, der nicht zu einem besseren Ergebnis führt, ist unnötig.

Anwirken
Marzipanrohmasse mit Staubzucker verkneten.

Aprikotisieren
Dient der Frischhaltung von Gebäck und Glasur.
Vor dem Glasieren mit Zuckerguß das Gebäck mit aufgekochter Aprikosenmarmelade bestreichen.

Backofen
Vorheizen, bis die vorgeschriebene Temperatur erreicht ist, führt zu einem besseren Backergebnis.

Biskuit
Es ist sinnvoll, in der Regel Biskuit von 6 Eiern herzustellen. So ist die Zeit und Energie besser genutzt.
Einzelne Biskuitscheiben lassen sich für Torten oder Obstkuchen einfrieren, kleinere Reste als Biskuitbrösel trocknen oder frosten.

Dekor
Sollte eine Torte schmücken, nicht überladen.

Eiweiß
In einer fettfreien Schüssel zu Schnee schlagen, nach und nach den Zucker zugeben und mit aufschlagen.

Eiweißglasur
Muß mitgebacken werden.

Eistreiche
Eigelb mit Eiweiß verquirlen, ergibt das schönste Ergebnis.

Füllungen
Streichfüllungen, z. B. für Hefeteig.
Leichte und schwere Kremfüllungen für Torten

Fonds
für Sahnefüllungen: Flüssigkeit, Eier und Zucker erhitzen und die eingeweichte, ausgedrückte Gelatine darin auflösen.

Gelatine
Blattgelatine hat den Vorteil, daß sie sich besser dosieren läßt als gemahlene Gelatine.
Gelatineblätter locker in reichlich kaltes Wasser geben und ca. 4 - 5 Min. einweichen. Nicht zu fest ausdrücken, in einem kleinen Töpfchen bei mäßiger Hitze so lange erwärmen, bis sich die Gelatine ganz aufgelöst hat. Nicht kochen!
Dann sofort auf die geschlagene Sahne geben und mit dem Schneebesen zügig unterrühren. Für die warme Zubereitung löst man die eingeweichte, ausgedrückte Gelatine in der heißen Flüssigkeit auf.

Hefeteig
Teigzubereitung nicht zu warm und nicht zu kalt.
Er sollte gut durchgearbeitet werden, nicht zu fest sein und nicht zu lange gehen. Evtl. zwischendurch zusammenschlagen. Nach dem Aufarbeiten nochmals gehen lassen.

Hobelmandeln
geröstet auf Vorrat herstellen und im Schraubglas aufbewahren.

Kuvertüre
Ist die hochwertigste Schokolade. In der feinen Konditorei wird überwiegend Halbbitterkuvertüre verwendet.
Sie eignet sich zum Backen, für Füllungen, Glasuren und zum Garnieren.

Krem
Leichter Krem besteht aus Flüssigkeit, Zucker, Eier und stärkehaltigen Bindemitteln. Der Fettgehalt ist sehr gering. Schwere Kreme sind Fettkreme.
Deutscher Krem besteht aus Vanillegrundkrem, Butter oder Margarine und Pflanzenfett, z. B. Biskin.
Französischer Krem besteht aus Zucker, Eier, wenig Milch und Fett. Sahnekrem besteht aus Gelatinefond und geschlagener Sahne.

Massen
Geschlagene Massen: Baiser, Biskuit, Wiener Masse.
Gerührte Massen: Sandmassen, Marmorkuchen, Brühmassen.

Mürbeteig
Es ist ratsam, das doppelte oder dreifache Rezept auf einmal herzustellen und den Teig nach Bedarf zu verarbeiten. Er hält sich zugedeckt im Kühlschrank 2-3 Wochen. Wichtig ist, daß das Fett gekühlt verarbeitet wird. Den Teig nur kurz zusammenarbeiten, dabei nicht viel durchkneten. Sonst wird er brandig, das heißt, er bröckelt und läßt sich nur schwer auswellen.

Margarine
Zum Backen nur feste Margarine, z. B. Sanella im Würfel oder Stange verwenden. Bechermargarine ist zu weich und darum weniger geeignet.

Melieren
Mehl mit der Masse oder Massen zusammen vermischen. Dazu eignet sich eine breite Bratenschaufel besser als der Schneebesen.

Nougat
Im nicht zu heißen Wasserbad auflösen.

Oberhitze
zu stark, Gebäck mit Papier abdecken.

Positive Tips
werden hier vorwiegend erläutert.

Pappschablonen
als Dekorhilfe kann man leicht selbst ausschneiden.

Quark
Gut abtropfen lassen. Zum Backen nur frischen Quark, bevorzugt Magerquark, verwenden.

Rationell
planen und zubereiten spart Zeit und Energie.

Sahne
Nur frische Sahne verwenden, in möglichst großen Behältern, z. B. $1/2$-l-Flaschen oder 1-l-Beuteln, kaufen.
Gut gekühlt in einer kalten Schüssel steif schlagen.
H-Sahne läßt sich nicht so gut aufschlagen.

Staubzucker
Mit dem Rollholz zerdrücken, das erspart das Sieben.

Spritzglasur
aus Staubzucker, die nicht mehr gebacken wird, mit Obstsaft, Alkohol oder Wasser herstellen. Dazu den Staubzucker mit wenig Flüssigkeit glatt rühren, dann evtl. verdünnen.

Teige
Hefeteig, Mürbeteig, Blätterteig, Plunderteig, Karlsbaderteig.

Tortenguß
Etwas mehr Flüssigkeit verwenden als auf dem Päckchen vorgeschrieben ist. Beim Kochen unnötiges Umrühren vermeiden, damit der Tortenguß nicht so schaumig wird. Immer mit dem Pinsel auftragen. Das sieht schöner aus und der Guß ist ergiebiger.

Tränke
Schnapstränken für Torten ersatzweise mit verdünntem Zitronen- oder Orangensaft herstellen.

Unterhitze
zu stark, mittelstarke Pappe zwischen Backblech und Gebäck legen.

Umluft
Da die Backergebnisse mit Umluft nicht zufriedenstellend waren, sind alle Backtemperaturen und Backzeiten für konventionelle Backöfen angegeben.

Vorrat
Die meisten Kuchen lassen sich recht gut einfrieren, sodaß es sich lohnt, auf Vorrat zu backen.

Vanille
Vanilleschoten sind sehr teuer, darum finden sie überwiegend nur in feinen Krems Verwendung.
Zum Backen geeignet sind Vanillearoma in Fläschchen oder in Streudöschen.
Selbsthergestellter Vanillezucker sollte in der angegebenen Zukkermenge enthalten sein.

Wiegen
Grundsätzlich alle Zutaten wiegen.

Zucker
Zum Backen in der Regel feinen Zucker verwenden.
Staubzucker für zarte Mürbeteige, z. B. in der Weihnachtsbäckerei.

Zitronenaroma
in Fläschchen oder Streudöschen.

Praktische Geräte erleichtern das Backen

Tortelettförmchen, Stollenringe, Tortenring 26 cm Ø, Tortenring 16 cm Ø, Mohrenkopfförmchen

Glatte Kranzform aus Weißblech 26 cm Ø, glatte Kranzform aus Weißblech 20 cm Ø, kuppelförmige Edelstahlschüssel 28 cm Ø, Käsekuchenblech 26 cm Ø

Spritzbeutel mit verschiedenen Spritztüllen, Garnierkamm, selbstgefertigte Schablone aus Pappe.

Kranzform glatt 27 cm Ø, Kranzform glatt 17 cm Ø, Kranzform mit Rillen 28 cm Ø, Napfkuchenform 22 cm Ø, kleine konische Form 18 cm Ø

Backpapier 40 x 50 cm, Backfolie, Tortenscheiben 32 cm Ø und 26 cm Ø, Torteneinteiler, Wellholz

Ausstechförmchen, stabiler Schneebesen mittelgroß, Teigrädchen, Kuchenpinsel, Winkelpalette, große Kuchenmesser mit Wellenschliff, Holzspaten und Bratenschaufel zum Melieren.

Kuchenblech 30 cm Ø, Käsekuchenblech 28 cm Ø, Königskuchenform 28 cm Ø, Rehrückenform 34 cm, Kastenform 30 cm

Gefüllter Hefekranz

Ergibt ca. 18 Stücke
Arbeitszeit ca. 30 Min.
Backzeit 25 - 30 Min.
bei 210 Grad

ZUTATEN

Hefeteig-Grundrezept

¼ l Milch
100 g Zucker
2 Eier
40 g frische Hefe
1 Teel. Salz
1 Prise Muskat
Zitrone, Vanille
600 g Mehl
100 g Butter oder Margarine

Nußfüllung

200 g gem. Haselnüsse
100 g Zucker
2 Eier
1 Teel. Zimt
Zitronenaroma
evtl. etwas Milch

Zum Bestreichen

½ verquirltes Ei

ZUBEREITUNG

Milch, Zucker, Eier, Hefe und Gewürze auf ca. 40 Grad erwärmen.
Gleichzeitig die Hefe mit der Hand zerdrücken und dabei die Temperatur der Milch kontrollieren, damit die Hefe nicht durch zu viel Wärme zerstört wird.

Von der Herdplatte nehmen und zuerst das Mehl untermengen. Dann das weiche, jedoch nicht flüssige Fett zugeben und den Teig gut durchkneten, bis er glatt ist und Blasen wirft.
Da die Quellfähigkeit des Mehls verschieden ist, kann es nötig sein, daß man etwas Mehl nachgeben muß. Es ist aber darauf zu achten, daß der Teig nicht zu fest wird.
Den Teig zugedeckt ca. 30 Min. gehen lassen.

Für die Füllung alle Zutaten zusammenrühren. Den Teig zu einer großen Platte auswellen und die Füllung darauf verstreichen. Die Teigplatte zweimal durchschneiden und jeden Teigstreifen einzeln aufrollen. Die drei Teigstränge nebeneinanderlegen und von der Mitte aus zu einem Zopf flechten.

Den Zopf auf ein gefettetes Kuchenblech zu einem Kranz formen. In die Mitte ein gefettetes Förmchen stellen, damit der Teig nicht zusammenbäckt.

Zugedeckt ca. 15 Min. gehen lassen, mit dem verquirlten Ei bestreichen und im vorgeheizten Backofen bei 210 Grad ca. 25 - 30 Min. backen.

Hefezöpfe mit Aprikosen

Ergibt ca. 20 Stücke
Arbeitszeit ca. 60 Min.
Backzeit ca. 30 Min.
bei ca. 200 Grad

ZUTATEN

Hefeteig

¼ l Milch
100 g Zucker
1 Teel. Salz
1 Prise Muskat
Zitrone, Vanille
40 g frische Hefe
600 g Mehl
100 g Margarine

Marzipanfüllung

200 g Marzipanrohmasse
1 Ei oder 2 Eiweiß
2 El. Rum
1 Dose Aprikosen

Dekor

1 Ei zum Bestreichen
ca. 25 g Stiftmandeln

ZUBEREITUNG

Alle Zutaten außer Mehl und Fett auf ca. 40 Grad erwärmen, Mehl zugeben und zum Schluß das weiche Fett untermengen. Zu einem glatten Teig gut durchkneten, zugedeckt ca. 30 Min. ruhen lassen.

Marzipanrohmasse mit Ei und Rum vermischen, Aprikosen abtropfen lassen und einmal durchschneiden.

Den Hefeteig zu einer großen, dünnen Platte auswellen, mit der Marzipanfüllung bestreichen und den Aprikosenvierteln bestreuen.

Den Teig aufrollen, teilen und auf ein gefettetes oder mit Backfolie ausgelegtes Backblech in zwei gefettete Stollenringe setzen und zugedeckt ca. 20 Min. gehen lassen.

Mit einem spitzen Messer die Zöpfe einmal tief einschneiden.

Mit dem verquirlten Ei bestreichen und mit Stiftmandeln bestreuen.

Im vorgeheizten Backofen bei ca. 200 Grad ca. 30 Min. backen.

Florentiner Hefezöpfe

Ergibt ca. 20 Stücke
Arbeitszeit ca. 60 Min.
Backzeit ca. 45 - 50 Min.
bei 180 Grad

ZUTATEN

Hefeteig

¼ l Milch
100 g Zucker
2 Eier
1 Teel. Salz
1 Prise Muskat
Zitrone, Vanille
40 g frische Hefe
ca. 650 g Mehl
100 g Butter oder Margarine

Nußfüllung

150 g gem. Haselnüsse
75 g Zucker
20 g Kakao
½ Teel. Zimt
1 - 2 Eier, je nach Größe

Marzipanfüllung

150 g Marzipanrohmasse
1 Ei
1 - 2 El. Rum
50 g Sultaninen

Mandelfüllung

150 g gem. Mandeln
75 g Zucker
Bittermandelaroma
1 - 2 Eier

Belag

75 g Zucker
75 g Butter
75 g süße Sahne
1 El. Honig
180 g Hobelmandeln

ZUBEREITUNG

Milch, Zucker, Eier, Hefe und Gewürze auf ca. 40 Grad erwärmen.
Zuerst das Mehl, dann das Fett zugeben und zu einem glatten Teig kneten. Zugedeckt ca. 25 Min. gehen lassen.
In der Zwischenzeit für alle Füllungen die Zutaten miteinander verrühren.
Den Teig zu einer großen Platte auswellen und je ⅓ davon mit einer Füllung bestreichen.

Die Teigplatte zweimal durchschneiden und jeden Teigstreifen einzeln aufrollen.

Die drei Teigstränge von der Mitte aus zu einem Zopf flechten. Durchschneiden und in zwei gefettete Stollenringe auf ein gefettetes Backblech oder in Kastenformen geben.

Mit der flachen Hand die Zöpfe breit in die Form drücken. Dann zugedeckt ca. 15. Min. gehen lassen.
Für den Belag Sahne, Zucker, Butter und Honig gut durchkochen lassen, bis das Ganze dickflüssig ist. Von der Kochstelle nehmen und die Hobelmandeln untermischen. Auf die Hefezöpfe streichen und diese bei 180 Grad im vorgeheizten Backofen ca. 45 - 50 Min. backen.

Nougatzöpfe

Ergibt ca. 20 Stücke
Arbeitszeit ca. 60 Min.
Backzeit 30 - 35 Min.
bei ca. 200 Grad

ZUTATEN

Hefeteig

¼ l Milch
100 g Zucker
1 Teel. Salz
Zitrone, Vanille, Muskat
2 Eier
40 g Hefe
ca. 600 g Mehl
100 g Margarine

Füllung

200 g Nougat
200 g gem. Haselnüsse
50 - 100 g Zucker
1 Teel. Zimt
2 Eier
etwas Milch oder Sahne

Dekor

1 verquirltes Ei
Hagelzucker
grob gehackte Haselnüsse
grob gehackte Mandeln

ZUBEREITUNG

Milch, Zucker, Gewürze, Eier und Hefe auf ca. 40 Grad erwärmen.
Erst Mehl, dann die Margarine zugeben und alles zu einem geschmeidigen Teig verarbeiten. Zugedeckt ca. 20 - 30 Min. gehen lassen.
Nougat im Wasserbad weich werden lassen.
Nüsse, Zucker, Zimt und Eier vermischen, evtl. mit wenig Milch oder Sahne etwas streichfähiger machen und zum Schluß den Nougat unterrühren.

Teig in sechs Stücke teilen und diese zu gleich großen Rechtecken auswellen. Mit der Füllung bestreichen und aufrollen.

Die Oberflächen der Teigstränge mit dem verquirlten Ei bestreichen und je zwei Stränge in Hagelzucker, Nüssen und Mandeln wälzen.

Zwei Zöpfe aus je drei Teigrollen mit verschiedenem Belag flechten und auf ein gefettetes oder mit Backfolie ausgelegtes Backblech in gefettete Stollenringe setzen. Ca. 10 - 15 Min. gehen lassen, dann bei ca. 200 Grad ca. 30-35 Min. backen.

Apfelstreifen

Ergibt ca. 24 Stücke
Arbeitszeit ca. 30 Min.
Backzeit ca. 30 Min.
bei ca. 200 Grad

ZUTATEN

| ca. 800 g Hefeteig |

Apfelfüllung

| 600 g Backäpfel |
| 80 g Zucker |
| 1 Teel. Zimt |
| 50 g gem. Haselnüsse |

Belag

| 1 verquirltes Ei |
| 125 g Ringäpfel - Trockenware |
| 20 g grob gehackte Mandeln |
| Aprikosenmarmelade |

ZUBEREITUNG

Ringäpfel 1 - 2 Stunden in Wasser einweichen.
Backäpfel schälen, grob raffeln und mit Zucker, Zimt und Nüssen vermischen.

Hefeteig zu zwei Streifen von ca. 20 x 40 cm Größe auswellen und auf ein gefettetes oder mit Backfolie ausgelegtes Backblech geben.
Die Apfelfüllung jeweils auf die Teigmitte verteilen.

Die abgetropften Ringäpfel dachziegelartig auflegen und mit Mandeln bestreuen.
Bei 200 Grad ca. 30 Min. goldgelb backen.

Die Ränder beidseitig einschlagen, gut andrücken und die Streifen mit dem verquirlten Ei bestreichen.

Die noch warmen Apfelstreifen mit aufgekochter Aprikosenmarmelade bestreichen.

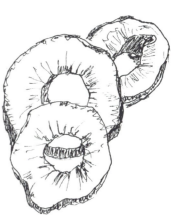

Kirschenstrudel

Ergibt ca. 20 Stücke
Arbeitszeit ca. 45 Min.
Backzeit ca. 30 Min.
bei ca. 200 Grad

ZUTATEN

Hefeteig

180 g Milch
1 Ei
70 g Zucker
½ Teel. Salz
1 Prise Muskat
Zitrone, Vanille
30 g Hefe
400 g Mehl
70 g Margarine
***
200 g aufgetauter Blätterteig

Füllung

1 Scheibe Biskuit
1 Glas Schattenmorellen
¼ l Kirschensaft
75 - 100 g Zucker
1 Teel. Zimt
50 g Mondamin
***
½ Ei zum Bestreichen

ZUBEREITUNG

Aus den angegebenen Zutaten einen Hefeteig herstellen und diesen zugedeckt ca. 30 Min. gehen lassen.

Kirschensaft mit Zucker und Zimt aufkochen, mit dem angerührten Mondamin binden und die Kirschen untermengen.

Den Hefeteig zu einem großen Rechteck auswellen, den Blätterteig halb so groß auswellen und auf die Hälfte des Hefeteiges legen. Die andere Hälfte darüberschlagen, die Ränder gut andrücken und den Teig auswellen.

Ein Drittel der Teigplatte auf das mittlere Drittel legen, das restliche Teigdrittel darüberlegen, auswellen. Kurz ruhen lassen und diesen Vorgang noch zweimal wiederholen. Zugedeckt ca. 20 Minuten ruhen lassen.

Den Teig zu zwei Rechtecken auswellen und den in Streifen geschnittenen Biskuit auflegen.

Die Kirschenfüllung auf den Biskuit geben, den übrigen Teig darüberschlagen und die Enden gut verschließen.

Die Strudel mit der Naht nach unten auf ein gefettetes oder mit Backfolie ausgelegtes Backblech legen, mit dem verquirlten Ei bestreichen und mit Teigstreifen garnieren. Bei 200 Grad im vorgeheizten Backofen ca. 30 Min. goldgelb backen.

Deutscher Plunderteig mit Apfelfüllung

Ergibt ca. 22 Stücke
Arbeitszeit ca. 60 Min.
Backzeit ca. 20 Min.
bei 220 Grad

ZUTATEN

Hefeteig

¼ l Milch
100 g Zucker
1 Teel. Salz
1 Prise Muskat
Zitrone, Vanille
2 Eier
40 g Hefe
600 g Mehl
100 g Butter oder Margarine

Zum Einziehen

250 g Butter
50 g Mehl

Füllung

750 g Äpfel
75 g Zucker
100 g Sultaninen
75 g gem. Nüsse
½ Teel. Zimt
***
1 Ei zum Bestreichen
ca. 20 g gehobelte Haselnüsse zum Bestreuen

ZUBEREITUNG

Aus den angegebenen Zutaten einen Hefeteig herstellen, diesen ca. 30 Min. zugedeckt an einem kühlen Ort gehen lassen, kurz zusammenschlagen und nochmals ca. 20 Min. gehen lassen. 250 g kalte Butter und 50 g Mehl zusammen verkneten und zu einem Rechteck von ca. 30 x 15 cm Größe auswellen.

Den Teig ca. 40 x 50 cm groß auswellen, 1 Teigdrittel zur Mitte falten, 1 Teigdrittel darüberschlagen und 5 - 10 Min. zugedeckt im Kühlschrank ruhen lassen. Diesen Vorgang 2 x wiederholen.
In der Zwischenzeit die Äpfel schälen, in dünne Scheibchen schneiden und mit den übrigen Zutaten vermischen.

Den Hefeteig zu einem Rechteck von ca. 30 x 30 cm Größe auswellen und das Butterstück auf eine Teighälfte legen.
Die andere Teighälfte über die Butter schlagen und die Ränder gut andrücken.

Den fertigen Plunderteig auswellen, in der Mitte teilen und jedes Teil an beiden Außenseiten mit dem Teigrädchen ca. 2 cm breit einschneiden. Die Apfelfüllung auf die Teigmitten verteilen und die Teigstreifen im Wechsel über die Füllung legen. Auf ein gefettetes Backblech legen und ca.10 Min. gehen lassen.
Mit dem verquirlten Ei bestreichen, mit den gehobelten Nüssen bestreuen und bei 200 Grad im vorgeheizten Backofen ca. 20 Min. backen.

Dänischer Rollkuchen

Ergibt ca. 16 Stücke
Arbeitszeit ca. 45 Min.
Backzeit ca. 30 Min.
bei 200 Grad

ZUTATEN

Hefeteig

⅛ l Milch
50 g Zucker
1 Ei
20 g Hefe
½ Teel. Salz
1 Prise Muskat
Zitrone, Vanille
ca. 300 g Mehl
50 g Margarine

***

300 g aufgetauter Blätterteig
½ gekochter Vanillepudding

Nußfüllung

250 g gem. Haselnüsse
100 g Zucker
½ Teel. Zimt
2 Eier
evtl. wenig Milch

Dekor

ca. 2 El. Aprikosenmarmelade
ca. 2 El. Staubzucker
wenig Wasser oder Zitronensaft

ZUBEREITUNG

Milch, Zucker, Ei, Hefe und Gewürze auf ca. 40 Grad erwärmen.
Von der Herdplatte nehmen und zuerst das Mehl, dann die weiche, jedoch nicht flüssige Margarine zugeben.
Den Teig gut durchkneten, bis er glatt ist und Blasen wirft.
Zugedeckt ca. 30 Min. gehen lassen.

In der Zwischenzeit den aufgetauten Blätterteig zu einer großen Platte auswellen. Auf ein nasses oder mit Backfolie belegtes Backblech geben, mit der Gabel mehrmals einstechen und nach einer Ruhezeit von ca. 15 Min. im vorgeheizten Backofen bei 200 Grad hell backen.

Für die Nußfüllung die angegebenen Zutaten verrühren.
Den Hefeteig auswellen, mit der Nußfüllung bestreichen, zusammenrollen und in ca. 18 - 20 Scheiben schneiden.

Den gebackenen Blätterteigboden in Tortenringgröße ausschneiden und mit dem gefetteten Tortenring umstellen. Den Vanillepudding aufstreichen und die Teigschnecken daraufsetzen. Nochmals 15 Min. gehen lassen, dann bei 200 Grad ca. 30 Min. backen.

Den noch warmen Kuchen mit aufgekochter Aprikosenmarmelade bestreichen.

Gefüllte Hefeballen

Ergibt ca. 20 Stücke
Arbeitszeit ca. 30 - 45 Min.
Backzeit ca. 20 - 25 Min.
bei ca. 200 Grad

ZUTATEN

ca. 850 g Hefeteig

Füllung

50 g Marzipanrohmasse
20 g Margarine
20 g Zucker
½ Ei
20 g Mehl
Ananasstückchen oder Mandarinenspalten

Dekor

½ verquirltes Ei
Hagelzucker
grob gehackte Haselnüsse
grob gehackte Mandeln

ZUBEREITUNG

Marzipanrohmasse, Margarine, Zucker und Ei verrühren und das Mehl untermischen.

Teig in 20 Stücke teilen, rund formen und etwas flach drücken. Die Marzipanfüllung darauf verteilen und mit je 1 - 2 Stückchen Obst belegen.

Die Teigränder etwas hoch ziehen und gut zusammendrehen.

Die Oberseiten mit dem verquirlten Ei bestreichen und verschieden in Hagelzucker, Nüssen und Mandeln wälzen

Die Hefeballen auf ein gefettetes oder mit Backfolie ausgelegtes Backblech in einen gefetteten Tortenring von ca. 30 cm Ø setzen, ca. 10 Min. gehen lassen, dann im vorgeheizten Backofen bei ca. 200 Grad ca. 20 - 25 Min. backen.

Bienenstich

Ergibt ca. 16 Stücke
Arbeitszeit ca. 60 Min.
Backzeit ca. 20 - 25 Min.
bei ca. 200 Grad

ZUTATEN

Hefeteig

⅛ l Milch
50 g Zucker
1 Ei
½ Teel. Salz
1 Prise Muskat
Zitrone, Vanille
20 g frische Hefe
ca. 325 g Mehl
50 g Margarine

Belag

75 g süße Sahne
75 g Zucker
75 g Butter
1 El. Honig
180 g Hobelmandeln

Füllung

½ l Milch
1 Pck. Vanillepuddingpulver
50 g Zucker
***
3 Eiweiß
50 g Zucker

ZUBEREITUNG

Aus den angegebenen Zutaten einen Hefeteig herstellen und diesen zugedeckt ca. 30 Min. gehen lassen. Dann den Teig zu einer runden Platte von 26 cm Ø auswellen, auf ein gefettetes Backblech geben, mit einem gefetteten Tortenring umstellen und mit der Gabel mehrmals einstechen.

Für den Belag Sahne, Zucker, Butter und Honig gut durchkochen lassen, bis das Ganze dickflüssig ist. Von der Kochstelle nehmen, die Hobelmandeln untermischen und auf den Hefeteig streichen.

Im vorgeheizten Backofen bei ca. 200 Grad ca. 20 - 25 Min. backen.
Den abgekühlten Bienenstich in der Mitte durchschneiden und die Mandeldecke in 16 Stücke schneiden.

Für die Füllung in einem breiteren Topf einen Vanillepudding kochen. Gleichzeitig das Eiweiß mit 50 g Zucker zu einem sehr festen Schnee schlagen und diesen unter den noch kochenden Pudding mischen.

Den warmen Krem auf den Hefeteigboden streichen, kurz abkühlen lassen und die eingeschnittene Mandeldecke darauf abschieben.

Mandelkuchen mit Kirschfüllung

Ergibt ca. 16 Stücke
Arbeitszeit ca. 60 Min.
Backzeit ca. 20 Min.
bei 200 Grad

ZUTATEN

Hefeteig
⅛ l Milch	
50 g Zucker	
½ Teel. Salz	
1 Prise Muskat	
Zitrone, Vanille	
1 Ei	
20 g frische Hefe	
ca. 375 g Mehl	
50 g Margarine	

Belag
65 g Sahne	
65 g Zucker	
65 g Butter	
1 El. Honig	
150 g Hobelmandeln	

Füllung
1 Glas Schattenmorellen	
ca 75 g Zucker	
1 Teel. Zimt	
50 g Mondamin	
***	
¼ l süße Sahne	
10 g Zucker	
½ Vanilleschote	
2 Blatt Gelatine	

******

ZUBEREITUNG

Alle Zutaten außer Mehl und Fett auf ca 40 Grad erwärmen. Mehl unterarbeiten und zum Schluß das geschmeidige Fett zugeben. Zu einem glatten Teig kneten und diesen zugedeckt ca 20 - 30 Min. gehen lassen.
Teig auswellen, auf ein gefettetes oder mit Backfolie ausgelegtes Backblech geben und mit einem gefetteten Tortenring von 26 cm Ø umstellen.
Mit der Gabel mehrmals einstechen.

Für die Kirschfüllung den aufgefangenen Kirschsaft mit Zucker und Zimt aufkochen und mit dem angerührten Mondamin binden. Abkühlen lassen.
Für den Belag Sahne, Zucker, Butter und Honig gut durchkochen lassen, bis das Ganze dickflüssig ist. Von der Kochstelle nehmen und die Mandeln untermengen. Den Belag sofort über den Hefeteig streichen und den Kuchen im vorgeheizten Backofen bei ca 200 Grad ca 20 Min. goldgelb backen.

Den abgekühlten Mandelkuchen einmal durchschneiden und die Mandeldecke in 16 Stücke schneiden.
Den Boden mit dem Tortenring umstellen und die Kirschfüllung darauf geben.

Gelatine in kaltem Wasser einweichen. Sahne mit Zucker steif schlagen, ausgeschabtes Vanillemark und die aufgelöste Gelatine unterrühren und über die Kirschfüllung streichen.

Die eingeschnittene Mandeldecke auf die Sahnefüllung abschieben.

Streuselkuchen

Ergibt ca. 14 Stücke
Arbeitszeit ca. 30 Min.
Backzeit ca. 30 Min.
bei 200 Grad

ZUTATEN

500 - 600 g Hefeteig

Streusel

250 g Mehl
150 g Zucker
150 g Butter
Zimt, Muskat, Zitrone, Vanille

ZUBEREITUNG

Für die Streusel Mehl und Zucker mit den Gewürzen nebeneinander auf die Arbeitsfläche geben.
Zuerst die kalte Butter mit dem Zucker vermengen, dann das Mehl locker mit dem Butter-Zucker-Gemisch verreiben, bis alles gleichmäßig vermengt ist. Dann die Streusel nach Belieben etwas größer drücken.

Den Hefeteig auswellen und ein Kuchenblech von 30 cm Ø damit ohne Rand auslegen.
Mit der Gabel mehrmals einstechen und mit wenig Wasser oder Milch bestreichen.

Die Streusel gleichmäßig bis zum Rand aufstreuen, ca. 15 Min. gehen und bei 200 Grad im vorgeheizten Backofen ca. 30 Min. backen.

Tip

Der Hefeteig soll bei Streuselkuchen nicht zu weich sein.

Zimtkremkuchen

Ergibt ca. 12 - 14 Stücke
Arbeitszeit ca. 30 Min.
Backzeit ca. 20 Min.
bei 220 Grad

ZUTATEN

ca. 400 g Hefeteig
½ gekochter Vanillepudding
50 g Butter
ca. 20 g Zimt-Zucker

ZUBEREITUNG

Teig auswellen, ein Kuchenblech von 30 cm Ø damit ohne Rand auslegen und mit einem Förmchen oder Schnapsglas mit glattem Boden ca. 3 cm große Vertiefungen eindrücken.

Den abgekühlten Pudding mit dem Spritzbeutel und großer Lochtülle in die Vertiefungen spritzen.

Butter etwas schaumig rühren, in eine Papiertüte füllen und auf die Zwischenräume spritzen.

Den Kuchen mit Zimt-Zucker bestreuen und bei ca. 220 Grad ca. 20 Min. backen.

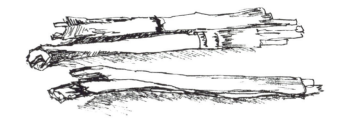

Käse-Kirsch-Kuchen

Ergibt 16 - 18 Stücke
Arbeitszeit ca. 40 Min.
Backzeit 90 Min.
bei 200 und 180 Grad

ZUTATEN

ca. 500 g Hefe- oder Mürbeteig

Kirschfüllung

1 Glas Schattenmorellen, ca 400 g
¼ l Saft aus dem Glas
50 - 100 g Zucker
50 g Mondamin
1 Teel. Zimt

Käsemasse

750 g Magerquark
250 g Zucker
60 g Mondamin
6 Eier
1 Zitronenaroma
¼ l süße Sahne

ZUBEREITUNG

Kirschsaft mit Zucker und Zimt zum Kochen bringen und das angerührte Mondamin unter Rühren zugeben.
Gut durchkochen lassen, den Topf zur Seite nehmen und die Kirschen untermengen.

Den abgetropften Quark mit der Hälfte des Zuckers, Eigelb, Mondamin und Zitronaroma verrühren. Eiweiß mit dem restlichen Zucker zu Schnee und die Sahne steif schlagen. Beides gleichzeitig unter den Quark melieren.

Eine Käsekuchenform von ca. 28 cm Ø mit dem Teig auslegen und die Kirschen einfüllen. Die Käsemasse darübergeben und glattstreichen.

Im vorgeheizten Backofen bei ca. 200 Grad ca. 20 - 30 Min. backen. Sobald die Oberfläche des Kuchens eine hellgelbe Färbung aufweist, muß der Rand ca. 1 cm tief eingeschnitten werden. Dadurch wird ein Reißen der Oberfläche verhindert. Anschließend den Backofen auf 180 Grad zurückschalten.

Während der Kuchen weiterbäckt, treibt die Quarkmasse in die Höhe.
Wenn sie ca. 2 - 3 cm über den Rand gezogen ist, muß der Kuchen aus dem Ofen genommen werden und so lange stehen, bis er sich wieder zu seiner ursprünglichen Höhe gesenkt hat. (ca. 3 - 4 Min). Die Backpausen sind in der Backzeit berücksichtigt.
In der Regel muß dieser Vorgang während des Backprozesses 2 - 3 mal wiederholt werden, damit der fertige Kuchen nicht zusammenfällt.
Den Kuchen in der Form ca. 30 Min. abkühlen lassen, dann auf ein Gitter stürzen, die Form entfernen und so erkalten lassen.

Käsekuchen mit Streusel

Ergibt ca. 14 Stücke
Arbeitszeit ca. 30 Min.
Backzeit ca. 40 - 50 Min.
bei 200 Grad

ZUTATEN

300 g Hefeteig

Quarkmasse

1 kg Schichtkäse
200 g Zucker
65 g flüssige Butter
2 Eier
30 g Mehl
35 g Mondamin
Zitronenaroma
1 Dose Mandarinen

Streusel

80 g Mehl
50 g Zucker
50 g Butter
Zitrone, Vanille, Zimt

ZUBEREITUNG

Hefeteig auswellen und ein Kuchenblech von 30 cm Ø damit auslegen.
Schichtkäse gut abtropfen lassen und durchpassieren.
Zucker, Butter und Eier mit dem Käse verrühren, Aroma, Mehl und Mondamin untermelieren.

Die Hälfte der Quarkmasse auf den Teig geben, die abgetropften Mandarinen aufstreuen und mit der restlichen Quarkmasse abdecken.

Für die Streusel alle Zutaten zusammen verreiben und über den Kuchen streuen. Im vorgeheizten Backofen bei ca. 200 Grad 40 - 50 Min. backen.

Eierschecke

Ergibt ca. 14 Stücke
Arbeitszeit ca. 40 Min.
Backzeit ca. 30 - 35 Min.
bei 200 Grad

ZUTATEN

300 g Hefeteig

Quarkmasse

500 g Magerquark
100 g Zucker
40 g Butter
1 Ei
15 g Mehl
15 g Mondamin
Salz, Zitrone, Bittermandelaroma
25 g Sultaninen

Guß

125 g Butter
2 Eigelb
Salz, Zitrone
100 g gekochter Vanillepudding
2 Eiweiß
70 g Zucker
20 g Mehl
20 g Mondamin

***

Staubzucker

ZUBEREITUNG

Hefeteig auswellen und ein Kuchenblech von 30 cm Ø damit auslegen.
Quark mit Zucker, flüssiger Butter, Eier, Mehl, Mondamin und Gewürzen verrühren und auf den Teig streichen.
Sultaninen darüber streuen und leicht eindrücken.

Für den Guß Butter, Eigelb, Zitronenaroma und eine Prise Salz schaumig rühren, den etwas abgekühlten Pudding zugeben und kurz mitrühren.
Eiweiß mit Zucker zu einem steifen Schnee schlagen und mit dem Mehl und Mondamin unter die Eigelbmasse melieren.

Den Guß über die Quarkmasse streichen und den Kuchen bei ca. 200 Grad 30 - 35 Min. backen. Abgekühlt leicht mit Staubzucker besieben.

Aprikosen-Kremkuchen

Ergibt ca. 14 Stücke
Arbeitszeit ca. 40 Min.
Backzeit ca. 30 Min.
bei 200 Grad

ZUTATEN

300 g Hefeteig

1 große Dose Aprikosen

Aprikosen - Vanillekrem

¼ l Aprikosensaft aus der Dose

25 g Butter

1 Eigelb

20 g Zucker

½ P. Vanillepuddingpulver

25 g Marzipanrohmasse

Guß

1 Eigelb

50 g Zucker

75 g Magerquark

75 g süße Sahne

2 Eiweiß

Zitrone, Bittermandel

15 g Mehl

Streusel

50 g Mehl

35 g Zucker

35 g Butter

1 Prise gem. Zimt

***

25 g Stiftmandeln

ZUBEREITUNG

Aus Aprikosensaft, Butter, Zucker, Eigelb und Puddingpulver einen Krem kochen. Marzipanrohmasse mit wenig Krem weich machen und zu dem übrigen Krem geben.

Hefeteig auswellen und ein Kuchenblech von 30 cm Ø damit auslegen.
Den nicht ganz heißen Krem auf den Teig streichen und mit den abgetropften Aprikosen belegen.

Eigelb, 25 g Zucker und Quark schaumig rühren und die Geschmackstoffe zugeben.
Eiweiß mit 25 g Zucker steif schlagen und mit der steif geschlagenen Sahne und dem Mehl unter die Eigelbmasse melieren.
Den Guß über die Aprikosen streichen.

Streusel herstellen und mit den Stiftmandeln über den Guß streuen. Den Kuchen bei 200 Grad ca. 30 Min. backen.

Kiwi-Nußkuchen

Ergibt ca. 14 Stücke
Arbeitszeit ca. 40 Min.
Backzeit ca. 20 - 25 Min.
bei 200 Grad

ZUTATEN

500 g Hefeteig
ca. 6 Kiwis

Belag

50 g süße Sahne
50 g Butter
50 g Zucker
1 El. Honig
130 - 150 g grob gehackte Haselnüsse

ZUBEREITUNG

Den Teig auswellen und ein Kuchenblech von ca. 30 cm Ø damit ohne Rand auslegen und mit der Gabel mehrmals einstechen.

Sahne, Butter, Zucker und Honig dicklich kochen lassen, von der Kochplatte nehmen und die Nüsse untermischen.

Die Kiwis schälen, in Scheiben schneiden und den Teig damit schuppenförmig belegen.

Die Nußmasse über die Kiwischeiben verteilen und den Kuchen bei 200 Grad im vorgeheizten Backofen ca. 20 - 25 Min. backen.

Kirschkuchen mit Wiener Masse

Ergibt ca. 14 Stücke
Arbeitszeit ca. 30 Min.
Backzeit ca. 25 - 30 Min.
bei 200 Grad

ZUTATEN

300 g Hefeteig

Kirschfüllung

1 Glas Schattenmorellen
¼ l Kirschensaft
50-100 g Zucker
1 Teel. gem. Zimt
50 g Mondamin

***

50 g gem. Haselnüsse

Wiener Masse

2 Eier
60 g Zucker
Zitrone, Vanille
40 g Mehl
35 g Mondamin
20 g Margarine

ZUBEREITUNG

Hefeteig auswellen und ein Kuchenblech von 30 cm Ø damit auslegen.
Kirschensaft mit Zucker und Zimt aufkochen lassen und mit dem angerührten Mondamin binden. Die abgetropften Kirschen untermengen und auf den Hefeteig geben.
Die gem. Nüsse darauf streuen.

Für die Wienermasse Eier und Zucker im Wasserbad warm und anschließend kalt schlagen. Das gesiebte Mehl und Mondamin untermelieren, gleichzeitig die heiße Margarine.
Über die Kirschfüllung streichen und den Kuchen bei 200 Grad im vorgeheizten Backofen 25 - 30 Min. backen. Abgekühlt evtl. mit wenig Staubzucker besieben.

Mascarponekuchen mit Stachelbeeren

Ergibt ca. 14 - 16 Stücke
Arbeitszeit ca. 30 Min.
Backzeit ca. 40 - 50 Min.
bei 200 Grad

ZUTATEN

300 g Hefe- oder Mürbeteig

Rührmasse

150 g Margarine
150 g Mascarpone
150 g Zucker
3 Eier
150 g Mehl
75 g gem. Mandeln oder Kokosraspel
Vanille, Zitrone
1 Glas Stachelbeeren
***
ca. 10 g grob gehackte Mandeln

ZUBEREITUNG

Den Teig dünn auswellen und ein Kuchenblech von 30 cm Ø mit Rand auslegen.
Die Stachelbeeren abtropfen lassen.

Margarine, Mascarpone, 100 g Zucker und Eigelb schaumig rühren, Eiweiß zu Schnee schlagen, dabei nach und nach 50 g Zucker zugeben.

Zuerst den steifen Eischnee, dann das Mehl mit Mandeln oder Kokosraspel unter die Eigelbmasse geben.

Die Stachelbeeren untermischen und die Masse in die vorbereitete Form geben.

Mit gehackten Mandeln bestreuen und den evtl. überstehenden Teigrand mit dem Teigschaber abschneiden.
Im vorgeheizten Backofen bei 200 Grad 40 - 50 Min. backen.

Aprikosenkuchen

Ergibt ca. 14 Stücke
Arbeitszeit ca. 40 Min.
Backzeit ca. 25 Min.
bei 200 Grad

ZUTATEN

Hefeteig

⅛ l Milch
50 g Zucker
½ Teel. Salz
1 Prise Muskat
Zitrone, Vanille
20 g Hefe
ca. 300 g Mehl
50 g Margarine

Belag

1 große Dose Aprikosen
100 g Zucker
¼ Teel. Zimt
60 g Mondamin

Dekor

Aprikosenmarmelade
Hagelzucker

ZUBEREITUNG

Milch, Zucker, Gewürze, Hefe und Ei auf ca. 40 Grad erwärmen. Zuerst das Mehl, dann die Margarine zugeben und zu einem glatten Teig kneten.
Zugedeckt ca. 20 - 30 Min. gehen lassen.

Ca, 400 g Teig auswellen, ein Kuchenblech von 30 cm Ø damit auslegen und die Obstmasse einfüllen.

Die Aprikosen abseien und durchpassieren.
Den Aprikosensaft (ca. 400 g) mit Zucker und Zimt aufkochen lassen, mit dem angerührten Mondamin binden und das Aprikosenmark unterrühren.

Den restlichen Teig auswellen, in schmale Streifen rädeln und damit ein Gitter auf das Obst legen. Bei 200 Grad im vorgeheizten Backofen ca. 25 Min. backen.
Den abgekühlten Kuchen mit der aufgekochten Aprikosenmarmelade bestreichen und mit wenig Hagelzucker bestreuen.

Aprikosen-Quarkkuchen

Ergibt 12 - 14 Stücke
Arbeitszeit ca. 30 Min.
Backzeit ca. 25 Min.
bei 200 Grad

ZUTATEN

Hefeteig

80 g Milch
1 Eigelb
30 g Zucker
¼ Teel. Salz
1 Prise Muskat
Zitrone, Vanille
15 g Hefe
200 g Mehl
30 g Margarine

Belag

500 g Magerquark
150 g Magerjoghurt
2 Eier
1 Pck. Vanillepuddingpulver
2 Teel. flüssiger Süßstoff oder 120 g Zucker
1 Prise Salz
Zitronenaroma
1 Dose Aprikosen

Dekor

ca. 150 g Himbeeren
1 Tortenguß klar

ZUBEREITUNG

Milch, Eigelb, Zucker, Geschmackstoffe und Hefe auf 40 Grad erwärmen.
Von der Herdplatte nehmen, zuerst das Mehl, dann die weiche, jedoch nicht flüssige Margarine zugeben und den Teig gut durchkneten, bis er glatt ist und Blasen wirft. Zugedeckt ca. 30 Min. gehen lassen.
In der Zwischenzeit für den Belag den abgetropften Quark, Joghurt, Eier Puddingpulver, Süßstoff oder Zucker, Salz und Zitronaroma zusammen verrühren und die Aprikosen abtropfen lassen.

Den Hefeteig auswellen und ein rundes Kucheblech 30 cm Ø damit auslegen.
Die Quarkmasse auf den Teig geben.

Die Aprikosen mit der Wölbung nach unten auf die Quarkmasse setzen und den Kuchen bei 200 Grad im vorgeheizten Backofen ca. 25 Min. backen. Aus der Form nehmen und erkalten lassen.

Je eine Himbeere auf eine Aprikosenhälfte legen und den Kuchen mit dem Tortenguß abglänzen.

Weintraubenkuchen

Ergibt ca. 14 Stücke
Arbeitszeit ca. 30 Min.
Backzeit ca. 30 Min.
bei 200 Grad

ZUTATEN

300 g Hefe- oder Mürbeteig
Marmelade
1 dünne Scheibe Biskuit
ca. 500 g kernlose Weintrauben

Belag

100 g Marzipanrohmasse
50 g Zucker
3 Eier
100 g saure oder süße Sahne
60 g Biskuitbrösel

Dekor

25 g Stiftmandeln

ZUBEREITUNG

Den Teig auswellen, ein Kuchenblech von 30 cm Ø damit auslegen, mit Marmelade bestreichen, die Biskuitscheibe auflegen und die Weintrauben darauf verteilen.

Den Belag über die Weintrauben streichen, mit Stiftmandeln bestreuen und den Kuchen im vorgeheizten Backofen bei ca. 200 Grad ca. 30 Min. goldgelb backen.

Marzipanrohmasse mit Eigelb und Zucker schaumig rühren, saure Sahne oder steif geschlagene süße Sahne zugeben, den Eischnee und die Biskuitbrösel untermelieren.

Toskaner Obstkuchen

Ergibt ca. 16 Stücke
Arbeitszeit ca. 30 Min.
Backzeit ca. 20 Min.
bei 200 Grad

ZUTATEN

300 g Hefe- oder Mürbeteig
Marmelade
1 dünne Scheibe Biskuit

Füllung

1 kg Backäpfel
$1/8$ l Weißwein
$1/8$ l Wasser
50 g Zucker
1 Prise Zimt
50 g Mondamin

Dekor

200 g Marzipanrohmasse
2 Eiweiß
Tortenguß

ZUBEREITUNG

Ein Kuchenblech von 30 cm Ø mit dem ausgewellten Teig auslegen.
(Mürbeteig evtl. hell anbacken.)
Mit Marmelade bestreichen und die Biskuitscheibe auflegen.

Marzipanrohmasse mit dem Eiweiß glatt verarbeiten.

Mit dem Spritzbeutel und kleiner Lochtülle die Marzipanmasse gitterförmig auf das Obst spritzen. Den Kuchen im vorgeheizten Backofen ca. 30 Min. backen.
Abgekühlt mit dem Tortenguß abglänzen.
Anstelle von Äpfeln kann man auch Kirschen oder Stachelbeeren verwenden.

Äpfel schälen, in nicht zu kleine Stücke schneiden und in Wasser und Wein weichdünsten. Abseien, die Flüssigkeit mit Zucker und Zimt aufkochen und mit dem angerührten Mondamin binden. Die Apfelstücke untermischen, die Apfelfüllung auf den Biskuitboden geben und glatt streichen.

Rhabarberkuchen

Ergibt 14 - 16 Stücke
Arbeitszeit ca. 40 Min.
Backzeit ca. 30 Min. bei 200 Grad
und ca. 10 Min. bei 180 Grad

ZUTATEN

ca. 300 g Hefe- oder Mürbeteig
Marmelade
1 Scheibe Biskuit
½ gekochter Vanillepudding
30 g gem. Haselnüsse
1 kg Rhabarber

Baisermasse

4 Eiweiß
200 g Zucker
2 El. Hobelmandeln

ZUBEREITUNG

Ein rundes Kuchenblech von 30 cm Ø mit Hefe- oder Mürbeteig auslegen.
Diesen dünn mit Marmelade bestreichen und die Biskuitscheibe auflegen.

Eiweiß in einer fettfreien Schüssel weiß schlagen, nach und nach den Zucker zugeben und den Eischnee richtig steif schlagen.
Den fast fertigen Kuchen mit den übrigen Nüssen bestreuen und mit der Baisermasse bestreichen.

Den Rhabarber schälen, in Stücke schneiden und in kochendem Wasser kurz blanchieren. Gut abtropfen lassen.
Den Pudding auf den Biskuit streichen, die Hälfte der Nüsse aufstreuen und den Rhabarber darauf verteilen.
Im vorgeheizten Backofen bei 200 Grad ca. 30 Min. backen.

Mit dem Garnierkamm die Baisermasse abkämmen, die Hobelmandeln aufstreuen und den Kuchen bei 180 Grad ca. 10 Min. fertig backen.
Wird der Kuchen bald gegessen, kann die Zuckermenge verringert werden.

Tip

Rhabarber läßt sich sehr gut einfrieren. Dazu den geschälten, geschnittenen Rhabarber in Portionen von ca. 1 kg verpacken und einfrieren.
Den noch gefrorenen Rhabarberblock in das kochende Wasser geben und so lange blanchieren, bis die Stückchen weich, aber nicht matschig sind. Abgetropft wie frischen Rhabarber weiterverarbeiten.

Rahmkuchen

Ergibt 12 - 14 Stücke
Arbeitszeit ca. 30 Min.
Backzeit: 10 - 12 Min. vorbacken,
90 Min. fertigbacken
bei 160 Grad

ZUTATEN

Mürbeteig

250 g Mehl	
100 g Zucker	
125 g Butter oder Margarine	
1 Ei	
1 Prise Salz	
1 Prise Zimt	
Zitrone, Vanille	

Rahmmasse

400 g saure Sahne	
100 g Zucker	
1 P. Vanillepuddingpulver	
3 Eier	
200 g süße Sahne	

ZUBEREITUNG

Mehl auf den Arbeitstisch geben. Zucker, Fett, Ei und Armoastoffe an die Seite geben und mit der Hand kurz vermengen.

Mehl darübergeben und alles zu Streuseln verreiben (geriebener Teig).
Dann schnell zu einem glatten Teig zusammenarbeiten.

Den Teig auswellen und mit Hilfe eines Rundstabes ein Kuchenblech von 30 cm Ø damit auslegen.
Mit dem Teigschaber den Rand sauber abschneiden und den Boden mit einer Gabel mehrmals einstechen.
Im vorgeheizten Backofen ca. 10 - 12 Min. hell anbacken.

Die saure Sahne mit Zucker, Puddingpulver und Eigelb verrühren.
Die süße Sahne steif schlagen und mit dem sehr steifen Eischnee unter die saure Sahne melieren.
Die Masse auf den angebackenen Teigboden geben, mit der Palette schön glatt streichen und den Kuchen bei 160 Grad ca. 90 Min. backen.

Gedeckter Apfelkuchen

Ergibt ca. 16 Stücke
Arbeitszeit ca. 30 Min.
Backzeit ca. 45 Min.
bei ca. 200 Grad

ZUTATEN

Mürbeteig

250 g Mehl
100 g Zucker
125 g Butter oder Margarine
1 Ei
1 Prise Salz
1 Prise Zimt
Zitrone, Vanille

Füllung

1 kg Backäpfel
100 g Zucker
50 g gem. Haselnüsse
100 g Sultaninen
1 Teel. Zimt
2 El. Rum
75 g Biskuitbrösel - Biskuitreste zerbröselt
***
3 El. Biskuitbrösel

Zum Bestreichen

ca ½ verquirltes Ei
ca 2 El. Aprikosenmarmelade
ca 3 El. Staubzucker
etwas Rum oder Zitronensaft
1 - 2 El. geröstete Hobelmandeln

ZUBEREITUNG

Für die Füllung die Äpfel schälen, in dünne Scheibchen schneiden und mit den übrigen Zutaten vermengen.
Einen Mürbeteig herstellen, die Hälfte davon auswellen und mit Hilfe eines Rundstabes auf ein Backblech geben.

Den Teig mit einem Tortenring ausstechen.

Einen ca. 5 cm Teigstreifen auswellen, zusammenrollen, auf dem Mürbeteigboden wieder zurückrollen und am Boden sowie am Tortenring andrücken. Der Teigrand wird so gleichmäßig und nicht zu dick.

Ca. 3 El. Biskuitbrösel auf den Teigboden verteilen, damit der Boden nicht durchweicht. Die Apfelfüllung einfüllen und glattstreichen.
Den überstehenden Teigrand in der Höhe der Füllung abschneiden.
Den restlichen Teig auswellen, mit dem Rundstab über die Füllung geben, den evtl. überstehenden Teig abstreifen und den Teigrand andrücken.

Mit dem verquirlten Ei bestreichen, mit der Gabel ein Gitter einkerben und mehrmals einstechen. Im vorgeheizten Backofen bei 200 Grad ca. 45 Min. backen. Anschließend erst mit aufgekochter Aprikosenmarmelade, dann mit Zuckerguß bestreichen und am Rand die Hobelmandeln aufstreuen.

Brombeerkuchen

Ergibt 12 - 14 Stücke
Arbeitszeit ca. 30 Min.
Backzeit ca. 35 - 40 Min.
bei 200 Grad

ZUTATEN

ca. 300 g Hefe- oder Mürbeteig
Marmelade
1 dünne Scheibe Biskuit
500 g Brombeeren
wenig Zimt

Belag

3 Eier
70 g Zucker
Vanillearoma
125 g Creme fraiche
50 g gem. Mandeln
60 g Biskuitbrösel

ZUBEREITUNG

Ein rundes Kuchenblech von 30 cm Ø mit dem ausgewellten Teig auslegen, mit Marmelade bestreichen und die Biskuitscheibe auflegen.
Die Brombeeren auf den Biskuit geben und mit wenig Zimt bestreuen.

3 Eigelb mit 35 g Zucker schaumig schlagen, Vanille und Creme fraiche untermengen.

3 Eiweiß mit 35 g Zucker zu Schnee schlagen, kurz mit der Eigelbmasse vermischen und die Mandeln mit den Biskuitbröseln untermelieren.

Die Masse über die Brombeeren streichen und den Kuchen im vorgeheizten Backofen bei ca. 200 Grad 35 - 40 Min. backen.

Kirsch-Streuselkuchen

Ergibt ca. 14 Stücke
Arbeitszeit ca. 40 Min.
Backzeit ca. 30 Min.
bei 200 Grad

ZUTATEN

1 Rezept Mürbeteig
Marmelade
1 Scheibe Biskuit

Kirschfüllung

1 Glas Schattenmorellen
¼ l Kirschsaft aus dem Glas
75 - 100 g Zucker
1 Teel. Zimt
50 g Stärkemehl

Streusel

160 g Mehl
100 g Zucker
100 g Butter oder Margarine
Salz, Zimt, Zitrone, Vanille

ZUBEREITUNG

Einen Mürbeteig herstellen, auswellen und ein Kuchenblech von 30 cm Ø damit auslegen.
Den Teigboden dünn mit Marmelade bestreichen und die Biskuitscheibe auflegen.

Für die Streusel zuerst das kalte Fett mit dem Zucker vermengen. Das Mehl zugeben und locker mit dem Fett-Zucker-Gemisch verreiben, bis alles gleichmäßig vermischt ist. Dann die Streusel nach Belieben etwas größer drücken.

Kirschsaft mit Zucker und Zimt zum Kochen bringen und das angerührte Stärkemehl unter Rühren zugeben. Kurz durchkochen lassen, den Topf von der Kochstelle nehmen und die Kirschen untermengen.
Die Kirschfüllung auf den Biskuit streichen.

Die Streusel gleichmäßig über die Kirschfülung streuen und den Kuchen bei 200 Grad ca. 30 Min. backen. In der Form etwas abkühlen lassen, bis die Kirschfüllung nicht mehr so heiß und etwas fester geworden ist.
Dann auf die Tortenscheibe stürzen und sofort auf ein Kuchengitter zurück stürzen.

Stachelbeer-Sandkuchen

Ergibt 14 - 16 Stücke
Arbeitszeit ca. 30 Min.
Backzeit ca. 50 - 60 Min.
bei 190 Grad

ZUTATEN

1 Rezept Mürbeteig
ca 100 g Stachelbeermarmelade
1 großes Glas abgetropfte Stachelbeeren (ca. 400 g)

Sandmasse

200 g Butter oder Margarine
200 g Marzipanrohmasse
200 g Zucker
4 Eier
100 g Mehl
100 g Mondamin
1 Teel. Backpulver
Salz, Zitrone, Bittermandelaroma

Dekor

ca. 2 El. Aprikosenmarmelade
ca. 75 g Staubzucker
etwas Kirschwasser
ca. 2 El. geröstete Hobelmandeln oder gehackte Pistazien

ZUBEREITUNG

Einen Mürbeteig zubereiten und ein rundes Kuchenblech von 30 cm Ø damit auslegen.

Mit dem Teigschaber den Rand glatt abschneiden und den Boden mit einer Gabel mehrmals einstechen.
Im vorgeheizten Backofen ca. 10 - 12 Min. hell anbacken.
Den angebackenen Boden mit Stachelbeermarmelade bestreichen und die abgetropften Stachelbeeren darauf verteilen.

Butter, Marzipanrohmasse, Zucker und Gewürze schaumig rühren. Nach und nach die Eier zugeben und mit aufschlagen. Mehl, Mondamin und Backpulver vermischen, sieben und mit einem großen Kochlöffel untermelieren.

Die Sandmasse über die Stachelbeeren geben und den Kuchen bei 190 Grad im vorgeheizten Backofen ca. 50 - 60 Min. backen.
Den abgekühlten Kuchen erst mit aufgekochter Aprikosenmarmelade, dann mit der Glasur aus Staubzucker und Kirschwasser bestreichen und den Rand mit Hobelmandeln oder Pistazien bestreuen.

Nußkuchen

Ergibt ca. 14 Stücke
Zubereitungszeit ca. 40 Min.
Backzeit ca. 30 - 35 Min.
bei 200 Grad

ZUTATEN

ca. 300 g Mürbeteig
Johannisbeermarmelade

Nußmasse

240 g Margarine
240 g Zucker
4 Eier
200 g Mehl
$^{1}/_{2}$ Teel. Backpulver
100 g gem. Haselnüsse
Zitronenaroma
Vanillearoma
1 Teel. Kardamom
50 g Eierlikör

Dekor

Aprikosenmarmelade
grob gem. Haselnüsse
Puderzucker

ZUBEREITUNG

Ein Kuchenblech von 30 cm Ø mit dem Mürbeteig auslegen und mit Johannisbeergelee bestreichen.
Margarine und Zucker schaumig rühren, nach und nach die Eier zugeben und mit aufschlagen. Die übrigen Teigzutaten mit einem breiten Kochlöffel untermelieren
Die Rührmasse in das vorbereitete Backblech geben und glatt streichen.

Den evtl. überstehenden Teigrand mit dem Teigschaber abschneiden. Im vorgeheizten Backofen bei 200 Grad ca. 30-35 Min. backen.

Den Kuchen mit aufgekochter Aprikosenmarmelade bestreichen und mit gerösteten Nüssen bestreuen.

Ca. 2 cm breite Papierstreifen als Schablone über den Kuchen legen und mit Puderzucker besieben.

Kirschkuchen mit Rahmguß

Ergibt ca. 14 Stücke
Arbeitszeit ca. 40 Min.
Backzeit 10 - 12 Min. vorbacken,
15 und 20 Min. fertigbacken
bei 200 Grad

ZUTATEN

1 Rezept Mürbeteig

Nußfüllung

100 g gem. Haselnüsse
50 g Zucker
1 Ei
½ Teel. Zimt

Kirschfüllung

1 Glas Schattenmorellen
1 P. Vanillepuddingpulver
20 g Zucker
½ l Kirschsaft aus dem Glas

Rahmguß

200 g saure Sahne
3 Eier
80 g Zucker

ZUBEREITUNG

Den Mürbeteig auswellen, ein Kuchenblech von 30 cm Ø damit auslegen und leicht anbacken.
Nüsse, Zucker, Zimt und Ei vermengen und auf den angebackenen Mürbeteig streichen.

Eigelb und 40 g Zucker schaumig rühren, Eiweiß und 40 g Zucker zu Schnee schlagen. Saure Sahne mit der Eigelbmasse verrühren und den Eischnee untermelieren.

Die abgetropften Kirschen darauf verteilen.
Aus Kirschsaft, Puddingpulver und Zucker einen Pudding kochen und diesen über die Kirschen streichen.
Bei 200 Grad im vorgeheizten Backofen ca. 15 Min. backen.

Den Guß über den Kuchen streichen und diesen ca. 20 Min. fertigbacken.

Pfirsichkuchen mit Mandelguß

Ergibt 14 - 16 Stücke
Arbeitszeit ca. 30 Min.
Backzeit ca. 45 - 50 Min.
bei 200 Grad

ZUTATEN

1 Rezept Mürbeteig

Füllung

| 100 g Marzipanrohmasse |
| 1 Ei |
| 2 Dosen Pfirsiche |

Mandelguß

| 4 Eier |
| 120 g Zucker |
| 50 g Schmand |
| 40 g Mehl |
| 40 g gem. Mandeln |

ZUBEREITUNG

Einen Mürbeteig herstellen, auswellen und ein Kuchenblech von 30 cm Ø damit auslegen.
Bei 200 Grad hell anbacken.
Marzipanrohmasse mit dem Ei streichfähig machen und auf den angebackenen Mürbeteigboden streichen.

Die gut abgetropften Pfirsichhälften mit der Wölbung nach oben auflegen.

Eigelb mit Zucker gut schaumig rühren und den Schmand zufügen.
Eiweiß zu Schnee schlagen und mit einem breiten Rührlöffel unter die Eigelbmasse melieren.

Mehl und Mandeln zum Schluß untermelieren.
Den Mandelguß über die Pfirsiche streichen und den Kuchen bei 200 Grad im vorgeheizten Backofen ca. 45 - 50 Min. backen.

Marschallkuchen

Ergibt ca. 14 Stücke
Arbeitszeit ca. 30 Min.
Backzeit ca. 10 Min. und 20 Min.
bei 200 Grad

ZUTATEN

Mürbeteig

250 g Mehl
100 g Zucker
125 g Margarine
1 Ei
Salz, Zimt, Zitrone, Vanille

***

Aprikosenmarmelade
1 Scheibe Biskuit
½ gekochter Vanillepudding
1 große Dose Aprikosen

Belag

35 g süße Sahne
35 g Zucker
35 g Butter
½ El. Honig
90 g Hobelmandeln

ZUBEREITUNG

Einen Mürbeteig herstellen, ein Kuchenblech von 30 cm Ø damit auslegen, mit der Gabel mehrmals einstechen und bei 200 Grad leicht anbacken.
Dann mit Marmelade bestreichen und die Biskuitscheibe auflegen.

Für den Belag Sahne, Zucker, Butter und Honig gut durchkochen lassen, von der Kochstelle nehmen und die Mandeln untermischen.

Den Pudding aufstreichen und die Aprikosen mit der Wölbung nach oben daraufsetzen.

Den Belag sofort über die Aprikosen verteilen und den Kuchen bei 200 Grad ca. 20 Min. fertig backen.

Ananaskuchen

Ergibt ca. 14 Stücke
Arbeitszeit ca. 30 Min.
Backzeit ca. 30 Min.
bei 200 Grad

ZUTATEN

Mürbeteig

250 g Mehl
100 g Zucker
125 g Margarine
1 Ei
Salz, Zimt, Zitrone, Vanille
***
Marmelade
1 dünne Scheibe Biskuit
1 große Dose Ananas in Scheiben

Rührmasse

120 g Butter
120 g Zucker
3 Eier
120 g Mehl

ZUBEREITUNG

Einen Mürbeteig herstellen und ein Kuchenblech von 30 cm Ø damit auslegen.

Butter und Zucker schaumig rühren, die Eier einzeln zugeben und mit aufschlagen.
Das Mehl mit einem breiten Rührlöffel untermelieren.

Mit Marmelade bestreichen und die Biskuitscheibe auflegen. Darauf die abgetropften Ananasscheiben verteilen.

Die Rührmasse über die Ananasscheiben streichen und den Kuchen bei 200 Grad ca. 30 Min. goldgelb backen.
Abgekühlt evtl. mit wenig Staubzucker besieben.

Birnenkuchen

Ergibt ca. 14 Stücke
Arbeitszeit ca. 40 Min.
Backzeit: ca. 10 Min. vorbacken
30 Min. fertigbacken bei 200 Grad

ZUTATEN

Mürbeteig

250 g Mehl
100 g Zucker
125 g Margarine
1 Ei
Salz, Zimt, Zitrone, Vanille
***
2 El. Marmelade
1 Scheibe Biskuit
***
½ l Milch
1 P. Vanillepuddingpulver
50 g Zucker
2 Eigelb
***
150 g saure Sahne
2 Eier
60 g Zucker
1 Dose Birnen
***
Tortenguß

ZUBEREITUNG

Aus den angegebenen Zutaten einen Mürbeteig herstellen.
Ein rundes Kuchenblech von 30 cm Ø damit auslegen und im vorgeheizten Backofen bei 200 Grad ca. 10 Min. hell anbacken. Dünn mit Marmelade bestreichen und eine Scheibe Biskuit auflegen.
Aus Milch, Zucker, Eigelb und Puddingpulver einen Vanillepudding kochen und diesen über den Biskuit geben.

Saure Sahne mit zwei Eigelb und 30 g Zucker verrühren.

Zwei Eiweiß mit 30 g Zucker zu Schnee schlagen, unter die Sahne melieren und über den Pudding streichen.

Die gut abgetropften Birnen in dünne Spalten schneiden und den Kuchen damit belegen. Im vorgeheizten Backofen bei 200 Grad ca. 30 Min. backen.

Den abgekühlten Kuchen mit Tortenguß abglänzen.

Linzer Schichttorte

Ergibt 16 Stücke
Arbeitszeit ca. 60 Min.
Backzeit je Boden ca. 10 Min.
bei 200 Grad

ZUTATEN

Linzer Mürbeteig

250 g Mehl
100 g gem. Mandeln
80 g Staubzucker
150 g Margarine
1 Ei
Salz, Zimt, Muskat, Nelken
Vanille, Zitrone

***

Füllung

ca. 450 g Pflaumenmus

Dekor

gem. Mandeln, geröstet
Staubzucker

ZUBEREITUNG

Staubzucker, Gewürze, Margarine und Ei kurz vermengen, dann das Mehl mit den Mandeln unterreiben und kurz zu einem glatten Teig verarbeiten.
Vier dünne Böden auswellen, auf je ein Backblech geben und mit einem Tortenring von 26 cm Ø ausstechen. Auf einen Boden 16 Stücke markieren und je Stück ein kleines Loch ausstechen.

Die gebackenen, abgekühlten Böden mit Pflaumenmus zusammensetzen, dabei den markierten Boden als Decke verwenden.

Den Rand mit wenig Pflaumenmus bestreichen und mit gerösteten Mandeln einstreuen.

Einen Tortenteiler auflegen, die Torte mit Staubzucker besieben und die ausgestochenen Löcher mit Pflaumenmus füllen.

Rührkuchen-Variation

Ergibt ca. 21 Stücke
Arbeitszeit ca. 30 Min.
Backzeit ca. 50 - 60 Min.
bei ca. 190 Grad

ZUTATEN

250 g Butter oder Margarine
250 g Zucker
4 Eier
500 g Mehl
1 P. Backpulver
ca. 200 g Milch
Zitrone, Vanille
2 El. Rum

***

20 g Kakao

***

50 g Sultaninen

***

50 g ganze Haselnüsse
50 g gem. Haselnüsse

ZUBEREITUNG

Butter oder Margarine und Zucker mit dem elektrischen Handrührgerät schaumig rühren, jedes Ei einzeln zugeben und gut aufschlagen.

Das Backpulver mit dem Mehl vermischen und sieben.
Abwechselnd Mehl und Milch mit einem großen Kochlöffel untermelieren.
Zitronenaroma, Vanillearoma und Rum zugeben.

$^1/_3$ Teig mit den gemahlenen Haselnüssen, $^1/_3$ mit den gemehlten Sultaninen und ca. 3 - 4 El. Teig mit dem Kakao vermischen.

Eine Kranzform fetten, mit Mehl ausstäuben und $^1/_3$ des Formbodens mit den ganzen Haselnüssen belegen. Darauf den mit gemahlenen Nüssen vermengten Teig geben, das zweite Drittel mit dem Sultaninenteig und den Rest der Form mit schwarz-weißem Teig füllen.
Mit dem Teigschaber den schwarz-weißen Teig marmorieren und den Kuchen im vorgeheizten Backofen bei ca. 190 Grad 50 - 60 Min. backen.

Altdeutscher Sandkuchen

Ergibt ca. 20 Stücke
Arbeitszeit ca. 30 Min.
Backzeit 60 - 70 Min.
bei ca. 180 Grad

ZUTATEN

500 g Butter oder Margarine
300 g Zucker
8 Eier
250 g Mehl
250 g Mondamin
½ Teel. Backpulver
Vanillearoma

ZUBEREITUNG

Butter oder Margarine und Zucker mit dem Vanillearoma gut schaumig rühren. Eier nach und nach zugeben und mit aufschlagen.

Mehl, Mondamin und Backpulver zusammen sieben und untermelieren. In eine gefettete, gemehlte Kranzform von ca. 28 cm Ø geben und im vorgeheizten Backofen bei 180 Grad 60-70 Min. backen.

Gewürz-Apfelkuchen

Ergibt 16 - 18 Stücke
Arbeitszeit ca. 40 Min.
Backzeit ca. 60 Min.
bei ca. 180 Grad

ZUTATEN

250 g Butter
200 g Zucker
4 Eier
100 g Mehl
50 g Mondamin
20 g Kakao
1 Teel. Backpulver
40 g geriebene Kuvertüre
100 g gem. Haselnüsse
40 g Stiftmandeln
½ Teel. gem. Zimt
½ Teel. Kardamom
¼ Teel. Piment
¼ Teel. Pfeffer
¼ Teel. Nelken
1 Prise Muskat
Zitrone, Vanille
2 El. Rum
400 g Backäpfel

Dekor

Kakao
Staubzucker

ZUBEREITUNG

Butter und Zucker schaumig rühren, Eier nach und nach zugeben und mit aufschlagen. Mehl, Mondamin, Kakao, Backpulver, Nüsse, Mandeln, Kuvertüre und die Gewürze untermelieren.

Die geschälten, grob geraspelten Äpfel zum Schluß untermischen. Den Boden einer konischen Form von ca. 30 cm Ø mit Backpapier auslegen, den Teig einfüllen und bei ca. 180 Grad ca. 60 Min. backen.

Den abgekühlten Kuchen in der Mitte mit wenig Kakao besieben, eine selbst gefertigte Apfelschablone auflegen und über den ganzen Kuchen Staubzucker sieben. Die Schablone vorsichtig entfernen.

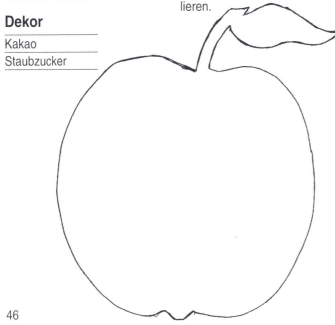

Spanische Vanilletorte

Ergibt 16 - 18 Stücke
Arbeitszeit ca. 45 Min.
Backzeit ca. 40 Min.
bei 190 Grad

ZUTATEN

300 g Marzipanrohmasse
ca. 3 El. Milch
8 Eier
150 g Zucker
1 Vanillearoma
125 g Mehl
90 g Margarine
120 g gehackte Kuvertüre

Schokoladenglasur

50 g süße Sahne
30 g Honig
150 g Kuvertüre

Dekor

geschälte, gehackte Mandeln

ZUBEREITUNG

Marzipan, Milch, Eigelb und einen Teil Zucker schaumig rühren; Vanillearoma zugeben. Eiweiß mit dem restlichen Zucker zu einem sehr festen Schnee schlagen und unter die Eigelbmasse melieren.
Mehl und zum Schluß die geschmolzene Margarine untermischen.

Für die Glasur Sahne und Honig erhitzen, von der Kochstelle nehmen und die grobgehackte Kuvertüre darin schmelzen lassen. Dabei umrühren.

Die abgekühlte Torte mit der Glasur überziehen und mit dem Garnierkamm abkämmen. Wenig gehackte, geröstete Mandeln aufstreuen und den unteren Rand mit Mandeln absetzen.

Den Boden einer konischen Backform mit Backpapier auslegen, den Teig einfüllen, dabei die Kuvertüre in zwei Lagen einstreuen. Bei 190 Grad ca. 40 Min. backen.

Reh-Rücken

Ergibt ca. 12 Stücke
Arbeitszeit ca. 30 Min.
Backzeit ca. 40 Min.
bei 190 Grad

ZUTATEN

Eigelbmasse

100 g Marzipanrohmasse
65 g Margarine
50 g Zucker
5 Eigelb
Zitronenaroma
50 g Mehl
10 g Kakao
½ Teel. Backpulver

Eiweißmasse

5 Eiweiß
130 g Zucker
100 g gem. Mandeln
15 g Mondamin

Schokoladenglasur

30 g Sahne
20 g Honig
100 g Kuvertüre
***
gemahlene, geröstete Mandeln

ZUBEREITUNG

Marzipanrohmasse und Margarine verrühren, Zucker, Eigelb und Aroma zugeben und schaumig rühren.
Mehl, Kakao und Backpulver vermischen, sieben und unterarbeiten.

Eiweiß zu einem sehr festen Schnee schlagen, dabei nach und nach den Zucker zugeben. Mandeln und Mondamin untermelieren.

Eine gut gefettete Rehrückenform mit gem. Mandeln ausstreuen und die Eiweißmasse einfüllen. Dabei die Masse zum Rand hochziehen und in der Mitte eine Vertiefung lassen.

Die Eigelbmasse in die Mitte füllen und oben glatt streichen. Den Rehrücken bei 190 Grad ca. 40 Min. backen.
Für die Glasur Sahne und Honig erhitzen. Von der Kochstelle nehmen und die grob gehackte Kuvertüre unter Rühren darin auflösen.
Den abgekühlten Rehrücken damit überziehen und mit wenig gemahlenen Mandeln bestreuen.

Walnußkuchen

Ergibt 10 - 12 Stücke
Arbeitszeit ca. 25 Min.
Backzeit ca. 50 - 55 Min.
bei 200 Grad

ZUTATEN

200 g Butter oder Margarine
200 g Zucker
4 Eier
1 Eigelb
2 El. Rum
1 Teel. Zimt
Vanillearoma
120 g Mehl
1 Msp. Backpulver
200 g gem. Walnüsse

Dekor

Kuvertüre
10-12 Walnußhälften

ZUBEREITUNG

Butter und Zucker schaumig rühren, Eier nach und nach zugeben und gut mit aufschlagen. Rum, Zimt und Vanillearoma untermischen.

Den abgekühlten Kuchen mit aufgelöster Kuvertüre schraffieren und die Walnußhälften auflegen.

Mehl mit dem Backpulver versieben und zusammen mit den Nüssen mit dem Kochlöffel untermelieren.
Den Teig in eine gefettete, gemehlte Rehrückenform füllen und im vorgeheizten Backofen bei 200 Grad ca. 50-55 Min. backen.

Kerscheplotzer
(Kirschkuchen)

Ergibt ca. 16 Stücke
Arbeitszeit ca. 30 Min.
Backzeit ca. 90 Min.
bei 160 Grad

ZUTATEN

5 Eier
150 g Zucker
150 g gem. Haselnüsse
150 g zerbröselter Biskuit
50 g Mondamin
Zitrone, Vanille
1 Bittermandelaroma
1 Prise Salz
½ Teel. Zimt
1 kg entsteinte Süßkirschen
150 g Margarine
***
Staubzucker

ZUBEREITUNG

Eier und Zucker mit dem Handrührgerät gut schaumig rühren. Haselnüsse, Biskuitbrösel, Mondamin und Geschmackstoffe mit dem Kochlöffel untermelieren.

Die flüssige, warme Margarine zugeben.

Zum Schluß die gut abgetropften Kirschen untermengen.

Einen Tortenring von 26 cm Ø mit Papier einschlagen, auf ein Backblech stellen und den Teig einfüllen. Bei 160 Grad im vorgeheizten Backofen ca. 90 Min. backen. Nach dem Erkalten aus dem Tortenring schneiden und mit Staubzucker besieben.

Nußkranz

Ergibt ca. 20 Stücke
Arbeitszeit ca. 40 Min.
Backzeit ca. 45 Min.
bei 200 Grad

ZUTATEN

9 Eier
300 g Zucker
300 g gem. Haselnüsse
1 Teel. Zimt
Zitronenaroma
70 g Wasser
150 g Mondamin
30 g Mehl
1 Msp. Backpulver
150 g Margarine

Dekor

Aprikosenmarmelade
ca. 200 g Staubzucker
Zitronensaft
Kuvertüre

ZUBEREITUNG

2 ganze Eier mit dem Wasser, Zimt und Zitronenaroma mit den Haselnüssen vermengen.
4 Eigelb und 3 ganze Eier mit 150 g Zucker schaumig rühren.
4 Eiweiß mit 150 g Zucker zu einem festen Schnee schlagen.
Mit einem Teil der Eigelbmasse zuerst die Nussmasse etwas weicher machen, die restliche Eigelbmasse zugeben, dann den steifen Eischnee untermischen.

Nun das mit Mondamin und Backpulver gesiebte Mehl und zum Schluß die heiße Margarine untermelieren. In eine gefettete, gemehlte Kranzform von 28 cm Ø füllen und bei 200 Grad ca. 45 Min. backen.

Staubzucker mit Zitronensaft zu einer nicht ganz festen Glasur verrühren.
Den abgekühlten Nußkranz zuerst mit aufgekochter Aprikosenmarmelade, dann mit der Zuckerglasur bestreichen.

Wenig aufgelöste Kuvertüre in ein Papiertütchen füllen und den Kuchen damit schraffieren.

Englischer Früchtekuchen

Ergibt 18 Stücke
Arbeitszeit ca. 30 Min.
Backzeit ca. 90 Min.
bei ca. 180 Grad

ZUTATEN

Früchte

200 g Sultaninen
200 g Korinthen
100 g Zitronat
100 g Orangeat
100 g Belegfrüchte
75 g gehackte Mandeln

Teig

500 g Butter oder Margarine
6 Eier
250 g Zucker
175 g Mehl
200 g Mondamin
1 Teel. Backpulver
3 El. Kirschwasser
Zitrone, Vanille, Salz

Dekor

Aprikosenmarmelade
geröstete Hobelmandeln

ZUBEREITUNG

Belegfrüchte halbieren und mit den übrigen Früchten mit einem Teil des Mehls vermischen.
Butter oder Margarine schaumig rühren.
Eigelb mit $2/3$ des Zuckers schaumig rühren.
Eiweiß mit $1/3$ des Zuckers zu einem festen Schnee schlagen.

Zuerst die Eigelbmasse mit dem Fett vermengen.

Aroma und Kirschwasser zugeben und den Eischnee unterziehen.

Gesiebtes Mehl mit Mondamin und Backpulver und zum Schluß die Früchte untermelieren.
In einem mit Papier ausgeschlagenen Tortenring von 26 cm Ø bei 180 Grad ca. 90 Min. backen.

Den abgekühlten Kuchen mit aufgekochter Aprikosenmarmelade bestreichen und mit Hobelmandeln einstreuen.

Schokoladen-Mandelkuchen

Ergibt ca. 12 Stücke
Arbeitszeit ca. 30 Min.
Backzeit ca. 60 Min.
bei ca. 180 Grad

ZUTATEN

120 g Margarine
160 g Zucker
8 Eier
320 g gem. Mandeln
160 g geriebene Kuvertüre
30 g Mehl
1 ½ Teel. Backpulver
3 El. Rum

Dekor

ca. 2 El. Hobelmandeln
Staubzucker

ZUBEREITUNG

Eine gefettete, gemehlte Rehrücken- oder Kastenform von ca. 33 cm Länge mit Hobelmandeln ausstreuen, den Teig einfüllen und bei 180 Grad ca. 60 Min. backen.
Den abgekühlten Kuchen mit Staubzucker besieben.

Margarine mit ²/₃ des Zuckers schaumig rühren, dabei nach und nach Eigelb zugeben.
Eiweiß mit dem restlichen Zucker zu einem festen Schnee schlagen und unter die Eigelbmasse melieren.

Mandeln, Mehl, Backpulver und Kuvertüre zusammen vermischen und mit dem Rum untermelieren.

Sachertorte

Ergibt 16-18 Stücke
Arbeitszeit ca. 60 Min.
Backzeit ca. 50 Min.
bei ca. 180 Grad

ZUTATEN

Rührmasse

270 g Margarine
120 g Staubzucker
250 g Kuvertüre
12 Eier
1 Vanillearoma
150 g Zucker
280 g Mehl
1 Msp. Backpulver

***

Johannisbeer- oder Aprikosenmarmelade

Schokoladenglasur

60 g süße Sahne
40 g Honig
200 g Kuvertüre

Dekor

wenig gehackte Pistazien

ZUBEREITUNG

Margarine mit Staubzucker gut schaumig rühren.
Kuvertüre im Wasserbad auflösen.
Eigelb mit einem Teil Zucker schaumig schlagen und das Eiweiß mit dem restlichen Zucker zu einem festen Schnee schlagen.
Zuerst die Kuvertüre unter die schaumige Margarine geben.

Dann die Eigelbmasse untermengen.
Anschließend den Eischnee und zum Schluß das Mehl mit Backpulver untermelieren.

In einen mit Papier eingeschlagenen Tortenring von 26 cm Ø füllen und die Torte bei ca. 180 Grad ca. 50 Min. backen.

Die abgekühlte Torte einmal durchschneiden und mit Marmelade füllen.

Sahne und Honig erhitzen, von der Kochstelle nehmen und die grob zerkleinerte Kuvertüre darin auflösen. Die Torte damit überziehen, mit dem Garnierkamm abkämmen und mit gehackten Pistazien bestreuen.

Fürstenschnitten

Ergibt ca. 24 Stücke
Arbeitszeit ca. 30 Min.
Backzeit Mürbeteig ca. 10 Min.,
Fürstenmasse 20 - 25 Min.
bei 180 Grad

ZUTATEN

| 1 Rezept Mürbeteig |
| Himbeermarmelade |

Fürstenmasse

| 350 g Marzipanrohmasse |
| 250 g Butter |
| 250 g Zucker |
| Zitrone, Salz |
| 6 Eier |
| 130 g Mehl |
| 130 g Mondamin |
| 100 g grob gehackte Mandeln |
| *** |
| Staubzucker |

ZUBEREITUNG

Den Mürbeteig auswellen und ein Backblech oder eine Fettpfanne damit auslegen. Mit der Gabel mehrmals einstechen und im vorgeheizten Backofen hell anbacken.
Marzipan, Butter, Zucker und Aroma schaumig rühren, nach und nach die Eier zugeben und mit aufschlagen. Gesiebtes Mehl und Mondamin untermelieren.

Die Fürstenmasse darauf verteilen und mit der Palette glatt streichen.
Die gehackten Mandeln darüberstreuen.
Bei 180 Grad ca. 20 - 25 Min. hellgelb backen.

Noch warm vom Backblech abschieben und in Stücke schneiden. Leicht mit Staubzucker besieben.

Den Mürbeteig mit der Marmelade bestreichen.

Feiner Napfkuchen von gerührtem Hefeteig

Ergibt ca. 16 Stücke
Arbeitszeit ca. 35 Min.
Backzeit ca. 50 - 55 Min.
bei 180 Grad

ZUTATEN

Vorteig

100 g Milch
40 g Hefe
120 g Mehl

Rührmasse

250 g Butter oder Margarine
250 g Zucker
4 Eier
¼ Teel. Salz
Zitrone, Vanille, Kardamom
380 g Mehl
2 - 3 El. Rum

ZUBEREITUNG

Milch und Hefe auf ca. 40 Grad erwärmen, von der Kochstelle nehmen und 120 g Mehl unterarbeiten. Zugedeckt ca. 20 Min. gehen lassen.

Butter oder Margarine mit dem Zucker gut schaumig rühren, Eier nach und nach zugeben und mit aufschlagen. Die Gewürze und das reife Hefestück mit dem Handrührgerät ca. 5 Min. unterrühren.

Zum Schluß 380 g Mehl und den Rum mit dem Rührlöffel untermelieren.

In eine gefettete, gemehlte Napfkuchenform von 22 cm Ø füllen, zugedeckt ca. 2 Stunden gehen lassen. Dann bei ca. 180 Grad ca. 50 - 55 Min. backen.

Variation

Je nach Geschmack kann man dem Teig auch Sultaninen, Orangeat, Zitronat, gemahlene Mandeln oder Bittermandelaroma zugeben.

Savarin

Ergibt 18 - 20 Stücke
Arbeitszeit ca. 60 Min.
Backzeit ca. 25 - 30 Min.
bei 200 Grad

ZUTATEN

Vorteig
¼ l Milch
40 g Hefe
150 g Mehl

Rührmasse
100 g Margarine
50 g Zucker
1 Teel. Salz
7 Eier
350 g Mehl

Tränke
400 g Wasser
150 g Zucker
⅛ l Rum

Glasur
Aprikosenmarmelade
Tortenguß

Füllung
¼ l süße Sahne
1 Teel. Zucker
2 Blatt Gelatine
Früchte nach Wahl

ZUBEREITUNG

Milch und Hefe auf ca. 40 Grad erwärmen, Mehl untermengen und ca. 15 Min. zugedeckt gehen lassen.
Margarine und Zucker schaumig rühren, nach und nach die Eier zugeben und mit aufschlagen. Den Vorteig und das Mehl zugeben und mit dem Handmixer so lange rühren, bis der Teig Blasen wirft und sich vom Schüsselrand löst.
In eine gefettete, gemehlte Kranzform aus Weißblech füllen, zugedeckt 15 Min. gehen lassen und bei 200 Grad 25 - 30 Min. backen.

Für die Tränke Wasser und Zucker gut durchkochen lassen, dann den Rum zugeben.
Den warmen Kuchen aus der Backform stürzen, auf eine Platte mit Rand legen, und mit der Tränke so lange bepinseln, bis die ganze Flüssigkeit eingesogen ist.

Den kalten Kuchen mit aufgekochter Aprikosenmarmelade bestreichen und mit einem Tortenguß abglänzen.
Sahne mit Zucker steif schlagen, aufgelöste Gelatine unterrühren und mit dem Spritzbeutel und 8er Sterntülle in den Innenring des Savarins spritzen. Mit Obst garnieren.

Biskuit, Schokoladenbiskuit, Wiener Masse

Ausreichend für 1 Kranzform von 28 cm Ø oder 1 Tortenring von 26 cm Ø
Arbeitszeit ca. 15 Min.
Backzeit ca. 30 Min.
bei 200 Grad

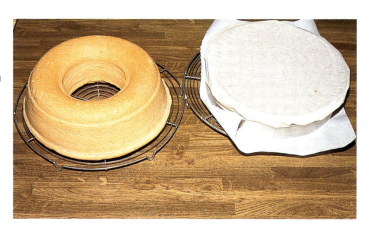

ZUTATEN

Biskuit

6 Eier
180 g Zucker
110 g Mehl
110 g Mondamin
etwas Zitronenaroma
etwas Vanillearoma

Schokoladenbiskuit

6 Eier
180 g Zucker
100 g Mehl
100 g Mondamin
20 g Kakao
etwas Zitronenaroma
etwas Vanillearoma
1 El. kaltes Wasser

Das Wasser zusammen mit dem gesiebten Mehl, Mondamin und Kakao untermelieren.

Wiener Masse

6 Eier
200 g Zucker
100 g Mehl
100 g Mondamin
etwas Zitronenaroma
etwas Vanillearoma
50 g heiße Margarine

Die Wiener Masse zubereiten wie Biskuit, zum Schluß die heiße Margarine untermelieren.

ZUBEREITUNG

Soll der Biskuit in einer Kranzform gebacken werden, wird diese gefettet und mit Mehl ausgestäubt.
Für Torten schlägt man einen Tortenring mit einem ausreichend großen Bogen Butterbrotpapier ein.

Die ganzen Eier, Zucker und die Aromastoffe mit dem Handmixer auf höchster Schaltstufe im heißen Wasserbad gut schaumig schlagen.
Dabei wird die Masse leicht erwärmt.
Dann die Rührschüssel aus dem Wasserbad nehmen und kräftig weiterschlagen, bis die Masse wieder abgekühlt und dickschaumig ist.

Mehl und Mondamin gut mischen und sieben. Mit einem großen, breiten Kochlöffel oder einer Bratenschaufel unter die Eimasse melieren.

Den eingeschlagenen Tortenring auf ein großes Backblech stellen, die Masse einfüllen und den Biskuit auf der zweiten Schiebeleiste von unten im vorgeheizten Backofen bei 200 Grad ca. 30 Min. backen.
Die Kranzform auf den Rost stellen. Den fertigen Biskuitkranz sofort leicht mit Mehl bestäuben, auf ein Kuchengitter stürzen und ohne Form auskühlen lassen.
Den Biskuit im Tortenring mit Mehl bestäuben, mit Butterbrotpapier belegen und auf ein Kuchengitter stürzen.
Papier und Tortenring erst vor der weiteren Verarbeitung entfernen.

Obstkuchen

Ergibt ca. 14 Stücke
Arbeitszeit ca. 45 Min.

ZUTATEN

Mürbeteig

auseichend für 3-4 dünne Mürbeteigböden
250 g Mehl
125 g Butter oder Margarine
100 g Zucker
1 Ei
Salz, Zimt, Zitrone, Vanille
***
$^1/_3$ Biskuitboden siehe Biskuit
Marmelade
Obst nach Belieben
1 Tortenguß
Hobelmandeln oder gem. Nüsse

ZUBEREITUNG

Den Mürbeteig dünn auswellen und mit dem Rollholz auf ein Backblech geben.
Mit einem Tortenring den Teig ausstechen, mit der Gabel einige Einstiche machen und den Mürbeteigboden bei ca. 200 Grad ohne Tortenring hell backen. Anschließend sofort vom Backblech nehmen und auf einem Kuchengitter auskühlen lassen.
Es ist ratsam, die Mürbeteigböden auf Vorrat zu backen, damit sie nicht zu hart sind.

Den Mürbeteigboden mit Marmelade bestreichen, mit einem Tortenring umstellen und mit einer Scheibe Biskuit belegen. Den Biskuitboden bis zum Rand dicht mit Obst belegen, größere Obststücke vorher einschneiden.

Einen klaren Tortenguß kochen und diesen mit dem Pinsel dünn auftragen.
Abkühlen lassen.

Den Tortenring abziehen, den Rand mit dem restlichen Tortenguß bestreichen und mit gerösteten gem. Nüssen oder Hobelmandeln bestreuen.

Zitronen-Roulade

Ergibt ca. 10 Stücke
Arbeitszeit ca. 40 Min.
Backzeit 4 - 5 Min.
bei ca. 250 Grad

ZUTATEN

Rouladenmasse

4 Eier
100 g Zucker
60 g Mehl
40 g Mondamin
Zitronenaroma, Vanillearoma
50 g Hobelmandeln

Füllung

Saft von 1 Zitrone
Wein oder Wasser
1 Eigelb
4 Blatt Gelatine
¼ l süße Sahne

ZUBEREITUNG

Die ganzen Eier mit dem Zucker sehr gut schaumig rühren.
Aroma, das gesiebte Mehl und Mondamin mit einem breiten Holzlöffel oder einer Bratenschaufel intensiv untermelieren, bis die Masse glänzt.

Auf ein mit Backpapier belegtes Backblech aufstreichen.
Die Hobelmandeln gleichmäßig darüber streuen und die Roulade im vorgeheizten Backofen bei 250 Grad 4 - 5 Min. backen. Anschließend die Roulade sofort vom Backblech ziehen und auf dem Arbeitstisch liegend erkalten lassen

Die Roulade auf ein mit Zucker bestreutes Papier stürzen und das Backpapier abziehen. Den Krem aufstreichen und die Roulade aufrollen.

Gelatine in kaltem Wasser einweichen. Den Zitronensaft mit Wein oder Wasser auf 100 g Flüssigkeit auffüllen. Zucker und Eigelb zugeben und unter Rühren erhitzen, aber nicht kochen lassen. Von der Kochstelle nehmen und die ausgedrückte Gelatine darin auflösen. In eine Schüssel umfüllen und abkühlen lassen.
Die Sahne steif schlagen und unter den abgekühlten, aber noch nicht erstarrten Zitronenkrem melieren.

Das Papier über die aufgerollte Roulade schlagen und diese mit einem Holzstab in Form pressen.

Sahnerolle „Williams Christ"

Ergibt ca. 10 Stücke
Arbeitszeit ca. 40 Min.
Backzeit 4 - 5 Min.
bei 250 Grad

ZUTATEN

Rouladenmasse

4 Eier
100 g Zucker
60 g Mehl
40 g Mondamin
Zitrone, Vanille

Sahnefüllung

½ l süße Sahne
20 g Zucker
2 El. Birnenschnaps
4 Blatt Gelatine
1 kleine Dose Williams-Christ-Birnen

Garnitur

Birnenscheibchen
Kuvertüre

ZUBEREITUNG

Eier und Zucker sehr gut schaumig rühren, Aroma zugeben und das gesiebte Mehl mit Mondamin untermelieren.

Auf ein mit Papier belegtes Backblech streichen und im vorgeheizten Backofen bei 250 Grad ca. 4 - 5 Min. backen.

Die abgekühlte Biskuitroulade auf ein mit Zucker bestreutes Papier stürzen, das Backpapier abziehen und die Birnenschnitze in zwei Reihen auflegen.

Gelatine in kaltem Wasser einweichen. Sahne steif schlagen, Zucker, Birnenschnaps und die aufgelöste Gelatine unterrühren.

Mit dem Spritzbeutel ohne Tülle einen Teil der Sahne auf das Obst spritzen.

Die Roulade von beiden Seiten zur Mitte einrollen.

Mit der restlichen Sahne Rosetten aufspritzen und diese mit Birnenscheibchen belegen.
Mit aufgelöster Kuvertüre schraffieren.

Biskuitrolle mit Himbeersahnefüllung

Ergibt ca. 10 Stücke
Arbeitszeit ca. 30 Min.
Backzeit 4 - 5 Min.
bei 250 Grad

ZUTATEN

Rouladenmasse

4 Eier
100 g Zucker
60 g Mehl
40 g Mondamin
Zitrone, Vanille
1 Teel. Kakao, wenig Wasser

Sahnefüllung

¼ l süße Sahne
10 g Zucker
2 Blatt Gelatine
evtl. 1 El. Himbeergeist
150 g Himbeeren

ZUBEREITUNG

Die ganzen Eier mit dem Zucker sehr gut schaumig rühren.

Aroma zugeben und das gesiebte Mehl und Mondamin mit einem breiten Kochlöffel intensiv unterrühren, bis die Masse glänzt.
Den Kakao mit wenig Wasser auflösen und mit ca. 2 El. Rouladenmasse verrühren.
Den weißen Teig auf ein mit Butterbrotpapier belegtes Backblech streichen.
Den dunklen Teig mit Hilfe einer Papiertüte in Streifen darauf spritzen.

Ein Messer quer zu den Schokoladenstreifen durch die Teigoberfläche ziehen, damit ein bogenförmiges Muster entsteht.
Die Roulade im vorgeheizten Backofen bei 250 Grad 4 - 5 Min. backen.
Anschließend die Roulade mit dem Papier sofort vom Backblech ziehen und auf dem Tisch liegend erkalten lassen.

Unmittelbar vor dem Füllen die Roulade auf ein mit Zucker bestreutes Papier stürzen und das Backpapier abziehen.
Gelatine in kaltem Wasser einweichen. Sahne mit Zucker steif schlagen, evtl. Himbeergeist und zum Schluß die aufgelöste Gelatine unterrühren.

Die Sahne auf die Biskuitplatte streichen, die Himbeeren aufstreuen, die Roulade aufrollen und pressen.

Mandarinen-Roulade

Ergibt ca. 24 Stücke
Arbeitszeit ca. 50 Min.
Backzeit pro Backblech
4 - 5 Min. bei 250 Grad

ZUTATEN

Rouladenmasse

7 Eier
175 g Zucker
110 g Mehl
70 g Mondamin
Zitrone, Vanille

Sahnefüllung

⅛ l Apfelsinensaft
Saft von ½ Zitrone
1 Teel. Apfelsinen-schalengranulat
1 Eigelb
80 g Zucker
6 Blatt Gelatine
4 El. Grand Marnier
½ l süße Sahne
1 Dose Mandarinen

Dekor

Mandarinen
Kaiserkirschen
Tortenguß
Gebäckkapseln

ZUBEREITUNG

Eier und Zucker sehr gut schaumig schlagen, Aroma zugeben und das gesiebte Mehl und Mondamin untermelieren. Auf zwei mit Papier oder Backfolie belegte Backbleche von 40 x 34 cm Größe streichen und im vorgeheizten Backofen bei 250 Grad 4-5 Min. backen.

Gelatine darin auflösen. Abkühlen lassen und vor dem Gelieren den Likör und die geschlagene Sahne untermelieren.

Jede Roulade auf mit Zucker bestreutes Papier stürzen, das Backpapier abziehen und den Sahnekrem aufstreichen. Mit Mandarinen bestreuen, aufrollen, pressen und kalt stellen.

Gelatine in kaltem Wasser einweichen. Apfelsinen- und Zitronensaft, Eigelb, Zucker und Apfelsinenschalengranulat erwärmen und die ausgedrückte

Evtl. die Rouladen in Scheiben schneiden, mit Mandarinen und Kirschen garnieren und mit Tortenguß abglänzen. In Gebäckkapseln setzen.

Weinbrand-Sahneroulade

Ergibt ca. 10 Stücke
Arbeitszeit ca. 30 Min.
Backzeit 4 - 5 Min.
bei 250 Grad

ZUTATEN

Rouladenmasse

4 Eier
100 g Zucker
60 g Mehl
40 g Mondamin
Zitrone, Vanille
10 g Kakao
ca. 1 El. Wasser

Sahnefüllung

300 g süße Sahne
10 g Zucker
2 El. Weinbrand
3 Blatt Gelatine
20 g Kuvertüre

Dekor

wenig Kuvertüre

ZUBEREITUNG

Die ganzen Eier mit dem Zucker sehr gut schaumig schlagen, Aroma zugeben und das gesiebte Mehl und Mondamin mit einem breiten Kochlöffel intensiv untermelieren, bis die Masse glänzt.
Ca. ²/₃ der Masse auf ein mit Butterbrotpapier belegtes Backblech streichen, unter die restliche Masse den mit Wasser verrührten Kakao mischen und neben die helle Rouladenmasse streichen.
Im vorgeheizten Backofen bei 250 Grad ca. 4 - 5 Min. backen. Nach dem Backen die Roulade sofort vom Backblech ziehen und auf dem Arbeitstisch erkalten lassen.

Unmittelbar vor dem Füllen die Roulade auf ein mit Zucker bestreutes Papier stürzen und das Backpapier abziehen.
Gelatine in kaltem Wasser einweichen, Kuvertüre im Wasserbad auflösen. Sahne mit Zucker steif schlagen, Weinbrand und die aufgelöste Gelatine mit dem Schneebesen rasch unterrühren. ²/₃ davon auf die helle Rouladenseite aufstreichen, unter die restliche Sahne die aufgelöste Kuvertüre rühren und auf den Schokoladenbiskuit streichen.

Die Biskuitroulade von der Schokoladenseite aus aufrollen und im Kühlschrank absteifen lassen.

Wenig aufgelöste Kuvertüre in eine Spritztüte aus Papier geben und die Roulade damit schraffieren.

Schwarzwälder Kirschroulade

Ergibt ca. 20 Stücke
Arbeitszeit ca. 50 Min.
Backzeit pro Blech 4 - 5 Min.
bei 250 Grad

ZUTATEN

Schokoladenroulade

8 Eier
175 g Zucker
110 g Mehl
50 g Mondamin
20 g Kakao
Zitrone, Vanille

Füllung

1 Glas Schattenmorellen
ca. 75 g Zucker
1 Teel. Zimt
50 g Mondamin
¼ l Kirschsaft
***
½ l süße Sahne
20 g Zucker
2 El. Kirschwasser
4 Blatt Gelatine

Dekor

¼ l süße Sahne
10 g Zucker
1 El. Kirschwasser
2 Blatt Gelatine
ca. 20 Kirschen
Schokoladenspäne

ZUBEREITUNG

Eier und Zucker gut schaumig schlagen, Aroma und das gesiebte Mehl mit Mondamin und Kakao untermelieren. Auf zwei mit Papier oder Backfolie belegte Backbleche streichen und bei 250 Grad je ca. 4 - 5 Min. backen. Schattenmorellen abtropfen lassen und ca. 20 Stück zur Seite legen. Kirschensaft mit Zucker und Zimt zum Kochen bringen, das angerührte Mondamin zugeben und kurz durchkochen lassen. Die Kirschen untermengen und abkühlen lassen.

Die Rouladen aufrollen, pressen und kalt stellen.

Die Rouladen zum Füllen auf gezuckertes Papier stürzen, das Backpapier abziehen und die Kirschenfüllung je zur Hälfte als einen Streifen auf den Rand der Rouladen geben.
Gelatine in kaltem Wasser einweichen, Sahne mit Zucker steif schlagen, Kirschwasser und die aufgelöste Gelatine unterrühren und auf die freien Stellen streichen.

Für die Garnitur die Sahne mit Zucker steif schlagen, Kirschwasser und aufgelöste Gelatine unterrühren und die Rouladen damit einstreichen. Die Rundung mit einem Papierstreifen abziehen.

Sahnerosetten aufspritzen, mit Schokoladenspänen bestreuen und Kirschen auflegen.

Bananenschnitten

Ergibt ca. 10 - 12 Stücke
Arbeitszeit ca. 50 Min.
Backzeit 4 - 5 Min.
bei 250 Grad

ZUTATEN

| etwas Mürbeteig |
| Marmelade |

Rouladenmasse

| 4 Eier |
| 100 g Zucker |
| 60 g Mehl |
| 40 g Mondamin |
| Zitrone, Vanille |
| $1/2$ Teel. Kakao, wenig Wasser |

Sahnefüllung

| 400 g süße Sahne |
| 50 g Nougat |
| 4 Blatt Gelatine |
| 1 - 2 El. Bananen- o. Nußlikör |
| 2 Bananen |

Dekor

| Tortenguß |
| gehackte o. gehobelte Mandeln |

ZUBEREITUNG

Eier und Zucker sehr gut schaumig schlagen, Aroma zugeben und das gesiebte Mehl und Mondamin untermelieren.
Den Kakao mit wenig Wasser auflösen und mit einem El. Rouladenmasse verrühren, die übrige Masse auf ein mit Papier belegtes Backblech von ca. 40 x 34 cm Größe streichen und mit der dunklen Masse Tupfen aufspritzen. Bei 250 Grad ca. 4-5 Min. backen.
Den Mürbeteig zu einem ca. 10 cm breiten Streifen in der Länge des Backblechs auswellen und hell backen.

Die abgekühlte Biskuitplatte auf ein mit Zucker bestreutes Papier stürzen, das Backpapier abziehen und in drei Streifen von ca. 20 cm, 10 cm und 4 cm Breite schneiden.
Den mittleren, 20 cm breiten Streifen in eine mit Papier ausgelegte Dachrinnenform legen.

Für die Füllung den Nougat im Wasserbad auflösen, Gelatine in kaltem Wasser einweichen, Bananen schälen und die Sahne steif schlagen.
Die aufgelöste Gelatine zu dem Nougat geben, etwas geschlagene Sahne zugeben, erst dann mit dem Schneebesen gut verrühren und diese Mischung mit dem Likör unter die übrige Sahne melieren.

Einen Teil der Sahnefüllung in die ausgelegte Dachrinnenform geben, Bananen auflegen, restliche Sahne und den schmalen Biskuitstreifen einlegen.
Mit dem 10 cm breiten Biskuitstreifen abdecken.
Den mit Marmelade bestrichenen Mürbeteigstreifen auflegen und die Form ca. 2 Stunden kalt stellen.
Die Rolle aus der Form stürzen, mit Tortenguß abglänzen und die seitlichen Kanten mit gerösteten Mandeln bestreuen.

Tutti-Frutti-Dessert

Ergibt ca. 10 - 12 Stücke
Arbeitszeit ca. 40 Min.
Backzeit 4 - 5 Min.
bei 250 Grad

ZUTATEN

| 4 Eier |
| 100 g Zucker |
| 60 g Mehl |
| 40 g Mondamin |
| Zitrone, Vanille |

Sahnefüllung

| 60 g Milch |
| 50 g Zucker |
| ½ Vanilleschote |
| 1 Eigelb |
| 5 Blatt Gelatine |
| 400 g süße Sahne |
| 1 Dose Mandarinen |
| 1 kleines Glas Süßkirschen |
| 10 g Krokant |

Garnitur

| Kuvertüre |

ZUBEREITUNG

Eier und Zucker sehr gut schaumig rühren, Aroma zugeben und das gesiebte Mehl und Mondamin untermelieren.
Auf ein mit Papier belegtes Backblech von ca. 40 x 34 cm Größe streichen und im vorgeheizten Backofen bei 250 Grad 4-5 Min. backen. Die abgekühlte Biskuitroulade auf ein mit Zucker bestreutes Papier stürzen, das Backpapier abziehen und in drei Streifen von 20 cm, 10 cm und 4 cm Breite schneiden.
Den mittleren, 20 cm breiten Streifen in eine mit Papier ausgelegte Dachrinnenform legen.

Gelatine in kaltem Wasser einweichen. Milch, Zucker, ausgeschabtes Vanillemark und Eigelb erwärmen, die ausgedrückte Gelatine darin auflösen und abkühlen lassen. Vor dem Gelieren die geschlagene Sahne mit dem Krokant und den etwas gehackten Früchten untermelieren.

Die Hälfte des Sahnekrems in die Form füllen, den 4 cm breiten Biskuitstreifen auflegen, den restlichen Krem darauf geben und mit dem 10 cm breiten Biskuitstreifen mit der Backseite nach außen abdecken. Im Kühlschrank ca. 2 Stunden fest werden lassen.

Das Tutti-Frutti-Dessert aus der Dachrinnenform stürzen und mit aufgelöster Kuvertüre schraffieren.

Nougat-Sahneroulade

Ergibt ca. 12 Stücke
Arbeitszeit ca. 40 Min.
Backzeit 4 - 5 Min.
bei 250 Grad

ZUTATEN

Rouladenmasse

4 Eier
100 g Zucker
60 g Mehl
40 g Mondamin
Zitrone, Vanille
½ Teel. Kakao, wenig Wasser

Sahnefüllung

¼ l süße Sahne
50 g Nougat
1 El. Nußlikör
3 Blatt Gelatine
***
evtl. Tortenguß

ZUBEREITUNG

Eier und Zucker sehr gut schaumig rühren, Aroma zugeben und das gesiebte Mehl mit Mondamin untermelieren.
Kakao mit wenig Wasser auflösen und mit ca. 2 El. Teig verrühren. Den weißen Teig auf ein mit Papier belegtes Backblech streichen und mit dem dunklen Teig diagonal Streifen aufspritzen.
Bei 250 Grad ca. 4 - 5 Min. backken.

Gelatine in kaltem Wasser einweichen, Nougat im heißen Wasserbad weich werden lassen.

Sahne steif schlagen, die ausgedrückte Gelatine auflösen und unter die Sahne rühren. Die Roulade auf ein mit Zucker bestreutes Papier stürzen und das Backpapier abziehen. Einen Teil der Sahne mit dem Spritzbeutel und großer Lochtülle in Streifen mit kleinem Abstand auf die Roulade spritzen. Unter die übrige Sahne Nougat und Likör mischen.

Die Nougatsahne zwischen die weißen Sahnestreifen spritzen.
Die Roulade aufrollen, pressen und kühl stellen.

Die kalte Sahnerolle evtl. mit Tortenguß abglänzen.

Schokoladenroulade

Ergibt ca. 10 Stücke
Arbeitszeit ca. 40 Min.
Backzeit 4 - 5 Min.
bei 250 Grad

ZUTATEN

Rouladenmasse

4 Eier
100 g Zucker
60 g Mehl
30 g Mondamin
10 g Kakao
Zitrone, Vanille

Kremfüllung

1 Ei
1 ½ El. heiße Milch
65 g Zucker
125 g Butter oder Margarine
65 g Biskin
40 g Kuvertüre
1 El. Weinbrand

Dekor

Kuvertürespäne

ZUBEREITUNG

Eier, Zucker und Aroma sehr gut schaumig schlagen. Gesiebtes Mehl mit Mondamin und Kakao mit einem breiten Kochlöffel intensiv untermelieren.
Auf ein mit Papier belegtes Backblech streichen und im vorgeheizten Backofen bei 250 Grad ca. 4 - 5 Min. backen.
Anschließend die Roulade sofort vom Backblech ziehen und auf dem Arbeitstisch liegend erkalten lassen.

Unmittelbar vor dem Füllen die Roulade auf ein mit Zucker bestreutes Papier stürzen und das Backpapier abziehen.
Den größten Teil des Krems auf die Biskuitplatte streichen und diese aufrollen und pressen.

Für den Krem Ei, Milch und Zucker im Wasserbad mit dem Schneebesen sehr warm, ca. 80 Grad, und dann wieder kalt schlagen.
Butter oder Margarine mit dem Biskin schaumig rühren und die Eimasse untermischen.
Die aufgelöste Kuvertüre und den Weinbrand unterrühren.

Mit Krem einstreichen, kurz kalt stellen, noch einmal einstreichen und mit einem Streifen Papier glatt abziehen.

Mit dem restlichen Krem ausgarnieren und mit Schokoladenspänen bestreuen.

Rouladen-Dessert-Streifen

Ergibt ca. 20 Stücke
Arbeitszeit ca. 60 Min.
Backzeit pro Backblech
4 - 5 Min. bei 250 Grad

ZUTATEN

| Mürbeteig |
| Aprikosenmarmelade |

Rouladenmasse

| 10 Eier |
| 250 g Zucker |
| 160 g Mehl |
| 100 g Mondamin |
| Zitrone, Vanille |
| *** |
| 10 g Kakao, wenig Wasser |

Sahnefüllung

| ½ l süße Sahne |
| 100 g Zartbitterkuvertüre |
| 2 El. Rum |
| 4 Blatt Gelatine |

Garnitur

| ¼ l süße Sahne |
| 10 g Zucker |
| 2 Blatt Gelatine |
| Kuvertüre zum Schraffieren |

ZUBEREITUNG

In einer großen Rührschüssel die Rouladenmasse zubereiten, zwei dünne Rouladen auf mit Papier belegte Backbleche aufstreichen und backen.
Den Kakao mit wenig Wasser verrühren, unter die restliche Biskuitmasse mischen und davon ein weiteres Rouladenblatt backen. Die hellen Rouladen mit Aprikosenmarmelade füllen und aufrollen.

Die Rollen in Papier gewickelt etwas flach drücken.

Das dunkle Rouladenblatt in vier ca. 10 cm breite Streifen schneiden.

Den Mürbeteig auswellen, einen ca. 20 cm breiten Streifen auf ein Backblech geben, in der Mitte trennen, mit der Gabel mehrmals einstechen und hell backen.

4 Blatt Gelatine in kaltem Wasser einweichen, Kuvertüre im Wasserbad auflösen, 1/2 l Sahne steif schlagen.

Die aufgelöste Gelatine zu der Kuvertüre geben, etwas Sahne zugeben, erst dann mit dem Schneebesen gut verrühren und mit dem Rum unter die übrige Sahne melieren. Auf die Rouladenstreifen verteilen, mit einem Schokobiskuitstreifen abdecken und kalt stellen.

2 Blatt Gelatine einweichen, 1/4 l Sahne steif schlagen, Zucker und die aufgelöste Gelatine unterrühren und die Dessertstreifen damit einstreichen.

Die Mürbeteigstreifen mit Marmelade bestreichen, mit je einem Schokobiskuitstreifen belegen und diese mit Marmelade bestreichen.

Die gefüllten Biskuitrollen längs einmal durchschneiden und nebeneinander auf die Schokoböden legen.

Mit wenig aufgelöster Kuvertüre schraffieren.

Eierlikör-Sahnetorte

Ergibt 16 Stücke
Arbeitszeit ca. 40 Min.
Backzeit je Boden 4 - 5 Min.
bei 250 Grad

ZUTATEN

Schokoladenbiskuit

3 Eier
75 g Zucker
Zitrone, Vanille
40 g Mehl
20 g Mondamin
10 g Kakao

***

1 dünner Mürbeteigboden
Marmelade

Sahnefüllung

¾ l süße Sahne
30 g Zucker
125 g Eierlikör
7 Blatt Gelatine

Dekor

Staubzucker
geröstete Hobelmandeln

ZUBEREITUNG

Eier und Zucker sehr gut schaumig rühren. Aroma, Mehl, Mondamin und Kakao untermelieren. Auf Backfolie oder Butterbrotpapier einen runden Boden von ca. 28 cm Ø und einen Boden von ca. 24 cm Ø aufstreichen und je Boden bei 250 Grad im vorgeheizten Backofen ca. 4 - 5 Min. backen.

Den größeren, abgekühlten Biskuitboden auf ein mit Zucker bestreutes Papier stürzen, das Backpapier abziehen und den Boden in eine kuppelförmige Schüssel legen.

Gelatine in kaltem Wasser einweichen. Sahne mit dem Zucker steif schlagen, Eierlikör und die aufgelöste Gelatine unterrühren und sofort in die Schüssel auf den Biskuit füllen.

Den kleineren Biskuitboden auflegen und mit dem mit Marmelade bestrichenen Mürbeteigboden abdecken. Im Kühlschrank ca. 2 Stunden fest werden lassen.

Die Torte aus der Schüssel stürzen und den Rand mit Mandeln einstreuen.
Einen Tortenteiler als Schablone auflegen und die Torte leicht mit Staubzucker besieben.

Vorbereitung für Zitronen- und Apfelsinen-Sahnetorten

Arbeitszeit ca. 30 Min.
Backzeit 4 - 5 Min.
bei ca. 250 Grad

ZUTATEN

3 Eier
75 g Zucker
50 g Mehl
20 g Mondamin
Zitrone, Vanille
***
Aprikosenmarmelade
ca. 1 Teel. gem. Nüsse
Tortenguß

ZUBEREITUNG

Eier und Zucker sehr schaumig schlagen, Aroma, Mehl und Mondamin untermelieren.
Auf ein mit Papier belegtes Backblech streichen und im vorgeheizten Backofen bei ca. 250 Grad ca. 4 - 5 Min. backen.
Abgekühlt in 6 Teile schneiden, mit Aprikosenmarmelade zusammensetzen und pressen.
Möglichst 1 - 2 Tage kalt stellen.

zen. Mit einem Tortenring von 26 cm Ø ausstechen.

Einen klaren Tortenguß kochen und die Oberfläche des Dekors und die Mandarinen für die Apfelsinensahnetorte damit abglänzen.

Mit einem Tortenring von 16 cm Ø die Mitte ausstechen.
Eine Pappscheibe von 16 cm Ø unter die Mitte des Dekorblattes schieben und so das Mittelstück mit dem kleinen Ring herausheben. Auf eine Tortenscheibe abschieben.
Einen Tortenring leicht einölen und mit Puderzucker besieben.

Eine Tortenscheibe mit wenig gem. Nüssen bestreuen.
Die Rouladenkapsel in dünne Streifen schneiden und auf der Tortenscheibe zusammenset-

Zitronen-Sahnetorte

Ergibt 16 - 18 Stücke
Arbeitszeit ca. 30 Min.

ZUTATEN

1 dünner Mürbeteigboden
Marmelade
½ Biskuitboden in zwei Scheiben

Sahnefüllung

⅛ l Zitronensaft - ca. 3 Zitronen
abger. Schale von 1 Zitrone
⅛ l Wasser
100 g Zucker
½ Pck. Vanillepuddingpulver
8 Blatt Gelatine
¾ l süße Sahne

Dekor

Der äußere Ring siehe Vorbereitung

ZUBEREITUNG

Den Mürbeteigboden mit Marmelade bestreichen, mit einer Scheibe Biskuit belegen und mit dem vorbereiteten Tortenring umstellen.
Gelatine in kaltem Wasser einweichen.
Aus Wasser, Zitronensaft, Zitronenschale, Zucker und Puddingpulver einen Krem kochen und die ausgedrückte Gelatine darin auflösen.
Abkühlen lassen.

Die steif geschlagene Sahne untermelieren und einen Teil davon auf den Biskuitboden streichen.

Die zweite Biskuitscheibe auflegen und die restliche Sahne glatt aufstreichen.
Im Kühlschrank fest werden lassen.

Den Tortenring abziehen und den Dekorring auf die Torte abschieben.
Evtl. den Rand mit Sahne einstreichen und abkämmen.

Apfelsinen-Sahnetorte

Ergibt 16 - 18 Stücke
Arbeitszeit ca. 45 Min.

ZUTATEN

1 dünner Mürbeteigboden
Marmelade
½ Biskuit in zwei Scheiben
2 Dosen Mandarinen

Sahnefüllung
Schokoladensahne

¼ l süße Sahne
40 g Kuvertüre
2 Blatt Gelatine

Apfelsinensahne

¾ l süße Sahne
3 El. englisches Orangengelee
3 El. Orangenlikör
7 Blatt Gelatine

Dekor

Das Mittelstück siehe Vorbereitung
16 - 18 abgeglänzte Mandarinenspalten

ZUBEREITUNG

Den Mürbeteigboden mit Marmelade bestreichen, mit einer Scheibe Biskuit belegen und mit dem vorbereiteten Tortenring von 26 cm Ø umstellen.
Zwei Blatt Gelatine in kaltem Wasser einweichen, Kuvertüre im Wasserbad auflösen, ¼ l Sahne steif schlagen.
Die aufgelöste Gelatine zu der aufgelösten Kuvertüre geben, etwas geschlagene Sahne zugeben, erst dann mit dem Schneebesen verrühren und mit der restlichen Sahne vermengen.
Mit dem Spritzbeutel und großer Lochtülle drei Ringe Schokoladensahne auf den Biskuitboden spritzen und die Zwischenräume mit abgetropften Mandarinen auslegen.
Kalt stellen.

Sieben Blatt Gelatine in kaltem Wasser einweichen.
¾ l Sahne steif schlagen, Orangengelee, Orangenlikör und die aufgelöste Gelatine unterrühren. Einen Teil davon auf die Schokoladensahne streichen und eine Scheibe Biskuit auflegen.

Die Torte mit Sahne glatt einstreichen und kurz kalt stellen.
16-18 Stücke einteilen und das Dekormittelstück mit dem Ring auf die Torte abschieben.

Mit dem Spritzbeutel und 8er Lochtülle die Torte ausgarnieren und die abgeglänzten Mandarinenspalten auflegen.
Den Tortenring entfernen und evtl. den Rand mit der restlichen Sahne einstreichen und abkämmen.

Pfälzer Weinkrem-Sahnetorte

Ergibt ca. 16 - 18 Stücke
Arbeitszeit ca. 60 Min.

ZUTATEN

1 dünner Mürbeteigboden
1 Scheibe Biskuit

Biskuitroulade

5 Eier	
125 g Zucker	
80 g Mehl	
50 g Mondamin	
Zitrone, Vanille	
Aprikosemarmelade	

Weinkrem-Sahnefüllung

½ l Pfälzer Weißwein, z.B. Riesling	
160 g Zucker	
2 Eigelb	
10 Blatt Gelatine	
½ l süße Sahne	

Garnitur

1 Tortenguß	
gem. Nüsse oder Mandeln	

ZUBEREITUNG

Eier und Zucker sehr gut schaumig rühren, Aroma, Mehl und Mondamin untermelieren. Auf mit Butterbrotpapier oder Backfolie belegte Backbleche 1 und ½ Roulade aufstreichen und bei 250 Grad je ca. 4 - 5 Min. backen. Abgekühlt auf leicht gezuckertes Papier stürzen, das Backpapier abziehen, nicht zu dick mit Aprikosenmarmelade bestreichen, aufrollen und mit dem Rollholz gut pressen. Möglichst 1 - 2 Tage kalt stellen.

Eine dünne Scheibe Biskuit auflegen und mit einem mit Marmelade bestrichenen Mürbeteigboden abdecken. 2 - 3 Stunden kalt stellen.

Die Biskuitrollen in dünne Scheibchen schneiden und eine konische Kuchenform von 26 cm Ø dicht damit auslegen.
Gelatine in kaltem Wasser einweichen.
Wein, Zucker und Eigelb auf ca. 80 Grad erhitzen und die ausgedrückte Gelatine darin auflösen. Kalt werden lassen und vor dem Gelieren die geschlagene Sahne untermelieren. In die ausgelegte Form füllen.

Die Torte aus der Form stürzen und mit dem Pinsel einen klaren Tortenguß auftragen.
Den Rand mit gerösteten Nüssen oder Mandeln absetzen.

Pfälzer Weinbrand-Sahnetorte

Ergibt 16 - 18 Stücke
Arbeitszeit ca. 60 Min.

ZUTATEN

1 dünner Mürbeteigboden
1 Scheibe Biskuit

Biskuitroulade

5 Eier
125 g Zucker
80 g Mehl
50 g Mondamin
Zitrone, Vanille
Aprikosenmarmelade

Weinbrandsahnefüllung

$\frac{1}{4}$ l Milch
75 g Zucker
1 Eigelb
9 Blatt Gelatine
$\frac{1}{8}$ l Pfälzer Weinbrand
$\frac{3}{4}$ l süße Sahne
50 g Kuvertüre

Dekor

Tortenguß
gem. Nüsse oder Mandeln

ZUBEREITUNG

Aus den angegebenen Zutaten eine Biskuitrouladenmasse rühren und davon auf mit Papier oder Backfolie belegten Backblechen 1 und ½ Roulade backen. Abgekühlt auf mit Zucker bestreutes Papier stürzen, das Backpapier abziehen und nicht zu dick mit Aprikosenmarmelade bestreichen.
Aufrollen, pressen und möglichst 1 - 2 Tage kalt stellen.

Gelatine in kaltem Wasser einweichen, Kuvertüre im Wasserbad auflösen.
Milch, Zucker und Eigelb erhitzen, die ausgedrückte Gelatine darin auflösen, den Weinbrand zugeben und erkalten lassen.
Vor dem Gelieren die geschlagene Sahne untermelieren.

Die Biskuitrouladen in dünne Scheibchen schneiden und eine konische Kuchenform von 26 cm Ø dicht damit auslegen.

⅔ des Krems in die ausgelegte Form füllen, den Rest mit der Kuvertüre vermischen, über die helle Sahnefüllung verteilen und mit der Gabel leicht marmorieren. Eine dünne Scheibe Biskuit auflegen und mit einem mit Marmelade bestrichenen Mürbeteigboden abdecken. 2 - 3 Stunden kalt stellen.

Die Torte aus der Form stürzen und mit einem breiten Pinsel einen klaren Tortenguß auftragen.
Den Rand mit gerösteten Nüssen oder Mandeln absetzen.

Schwarzwaldtorte

Ergibt 16 - 18 Stücke
Arbeitszeit ca. 45 Min.
Backzeit pro Boden ca. 20 Min.
bei 200 Grad

ZUTATEN

Nußböden

10 Eiweiß
240 g Zucker
275 g gem. Haselnüsse
45 g Margarine

Sahnefüllung

¾ l süße Sahne
30 g Zucker
3 El. Kirschwasser
6 Blatt Gelatine

Dekor

Ca. 50 g Kuvertüre

ZUBEREITUNG

Eiweiß steif schlagen, nach und nach den Zucker zugeben und fertig schlagen. Die Haselnüsse und die flüssige Margarine mit dem Kochlöffel untermelieren.
Auf gefettete, gemehlte oder mit Backfolie belegte Backbleche 3 Böden von 26 cm Ø aufstreichen und diese nacheinander bei 200 Grad ca. 20 Min. backen. Sofort vom Blech lösen und auf einem Gitter abkühlen lassen.

Gelatine in kaltem Wasser einweichen.
Sahne steif schlagen, dabei den Zucker zugeben.

Kirschwasser und die aufgelöste Gelatine mit dem Schneebesen rasch unterrühren.
Die Böden mit einem Teil der Sahne zusammensetzen.

Mit der restlichen Sahne die Torte einstreichen und ausgarnieren.

Kuvertüre im Wasserbad auflösen, jedoch darauf achten, daß sie nicht zu warm wird. Mit der Palette dünn auf ein Butterbrotpapier streichen, nach dem Festwerden in Rechtecke schneiden und die Torte damit verzieren.

Schwarzwälder Kirschtorte

Ergibt 16 -18 Stücke
Arbeitszeit ca. 30 Min.

ZUTATEN

1 dünner Mürbeteigboden

Marmelade

½ Schokoladenbiskuit in zwei Scheiben

Kirschenfüllung

1 Glas Schattenmorellen

¼ l Kirschensaft

ca. 75 g Zucker

1 Teel. Zimt

50 g Mondamin

evtl. 2 El. Kirschwasser

Sahnefüllung

¾ l süße Sahne

30 g Zucker

3 El. Kirschwasser

6 Blatt Gelatine

Dekor

16 - 18 Kirschen

Kuvertüre

ZUBEREITUNG

Schattenmorellen abtropfen lassen, 16 - 18 Stück für den Dekor zur Seite legen. Mondamin, Zucker und Zimt mit etwas Kirschensaft anrühren, den übrigen Saft zum Kochen bringen und das abgerührte Mondamin zugeben. Kurz aufkochen lassen, die Kirschen und evtl. das Kirschwasser zugeben und abkühlen lassen.
Den Mürbeteigboden mit Marmelade bestreichen, mit einem Tortenring umstellen und eine Scheibe Biskuit auflegen.
Die Kirschenfüllung aufstreichen und mit der zweiten Biskuitscheibe belegen.

Gelatine in kaltem Wasser einweichen. Sahne mit Zucker steif schlagen, Kirschwasser und aufgelöste Gelatine unterrühren und einen Teil davon leicht kuppelförmig auf den Biskuit aufstreichen.

Die Torte aus dem Ring schneiden, den Rand mit Sahne einstreichen, in Stücke einteilen und mit dem Spritzbeutel und 8er Sterntülle ausgarnieren.

Die Oberfläche und den Rand der Torte mit reichlich Schokoladenspänen bestreuen und die Kirschen auflegen.

Käse-Sahnetorte

Ergibt 16 - 18 Stücke
Arbeitszeit ca. 30 Min.

ZUTATEN

1 dünner Mürbeteigboden
Marmelade
½ Biskuit in 2 Scheiben

Käse-Sahne-Krem

¼ l Milch
150 g Zucker
1 Ei
1 Eigelb
8 Blatt Gelatine
400 g Magerquark
Saft von 1 Zitrone
¾ l süße Sahne
1 Dose Mandarinen
***
1 El. Staubzucker

ZUBEREITUNG

Den Mürbeteigboden mit Marmelade bestreichen, mit einem Tortenring umstellen und 1 dünne Biskuitscheibe einlegen.
Gelatine in kaltem Wasser einweichen.
Milch, Eier und Zucker gut erwärmen, die ausgedrückte Gelatine darin auflösen. Abkühlen lassen.

Zuerst den Quark und den Zitronensaft, dann einen kleinen Teil der geschlagenen Sahne mit dem Schneebesen unterrühren.

Die übrige geschlagene Sahne mit einem breiten Kochlöffel untermelieren.

Den Käsesahnekrem in den Tortenring füllen, dabei die abgetropften Mandarinenspalten einlegen.
Mit einer Biskuit-Oberseite abdecken und die Torte im Kühlschrank 2 - 3 Stunden absteifen lassen.
Die Torte mit Staubzucker besieben und mit einem spitzen Messer aus dem Tortenring lösen.

Erdbeer-Sahnetorte

Ergibt 16 - 18 Stücke
Arbeitszeit ca. 60 Min.

ZUTATEN

| 1 dünner Mürbeteigboden |
| Marmelade |
| ½ Biskuit in 2 Scheiben |

Erdbeersahnekrem

| ⅛ l Wein |
| 150 g Zucker |
| 2 Eigelb |
| Saft von ½ Zitrone |
| 8 Blatt weiße Gelatine |
| 300 g Erbeeren, frisch oder gefroren und nicht aufgetaut |
| ¾ l süße Sahne |

Dekor

| ¼ l süße Sahne |
| 10 g Zucker |
| 2 Blatt weiße Gelatine |
| Erdbeeren |
| Kuvertürespäne |

ZUBEREITUNG

Den Mürbeteigboden mit Marmelade bestreichen, mit einem Tortenring umstellen und 1 Scheibe Biskuit auflegen.
Gelatine in kaltem Wasser einweichen.
Wein, Zitronensaft, Zucker und Eigelb erwärmen und die ausgedrückte Gelatine darin auflösen.

Die Hälfte des Sahnekrems in den Tortenring füllen, eine Biskuitscheibe auflegen, den restlichen Krem daraufgeben und glatt streichen.
Im Kühlschrank ca. 2 Stunden fest werden lassen.

Sahne steif schlagen. Den abgekühlten Wein-Fond zu den zerkleinerten Erdbeeren geben und sofort einen kleinen Teil geschlagene Sahne mit dem Schneebesen unterrühren.
Die übrige geschlagene Sahne mit einem breiten Kochlöffel zügig untermelieren.

¼ l Sahne mit 10 g Zucker steif schlagen und 2 Blatt aufgelöste Gelatine unterrühren.
Die Torte mit einem spitzen Messer aus dem Ring schneiden, mit der Sahne einstreichen und ausgarnieren.
Mit Erdbeeren und Kuvertürespänen verzieren.

Birnen-Sahnetorte

Ergibt 16 - 18 Stücke
Arbeitszeit ca. 40 Min.

ZUTATEN

1 dünner Mürbeteigboden
Marmelade
½ Schokoladenbiskuit in 2 Scheiben
1 große Dose Williams-Christ-Birnen

Schokoladensahnefüllung

¼ l süße Sahne
30 g Kuvertüre
2 Blatt Gelatine

Birnensahnefüllung

¾ l süße Sahne
30 g Zucker
3 El. Birnenschnaps
6 Blatt Gelatine

Dekor

Birnenscheibchen
Kuvertüre

ZUBEREITUNG

Den Mürbeteigboden mit Marmelade bestreichen, eine Scheibe Biskuit auflegen, mit Birnenschnitzen belegen und mit einem Tortenring umstellen.

6 Blatt Gelatine in kaltem Wasser einweichen, ¾ l Sahne mit dem Zucker steif schlagen, Birnenschnaps und die aufgelöste Gelatine unterrühren.

2 Blatt Gelatine in kaltem Wasser einweichen, 30 g Kuvertüre im Wasserbad auflösen, ¼ l Sahne steif schlagen.
Die ausgedrückte Gelatine erwärmen und auf die aufgelöste Kuvertüre geben.
Etwas geschlagene Sahne zugeben und erst dann mit dem Schneebesen verrühren.

Sofort mit der restlichen geschlagenen Sahne vermischen und auf die Birnen streichen. Kalt stellen.

Einen Teil der Birnensahnefüllung kuppelförmig auf die Schokoladensahne streichen, den zweiten Schokoladenbiskuitboden auflegen und mit Sahne einstreichen.

Den Tortenring entfernen, den Tortenrand mit Sahne einstreichen und abkämmen.
Mit der restlichen Sahne ausgarnieren.
Birnenscheibchen auflegen und die Torte mit aufgelöster Kuvertüre schraffieren.

Sahnetorte „Tiramisu"

Ergibt 16 - 18 Stücke
Arbeitszeit ca. 30 Min.

ZUTATEN

| 1 dünner Mürbeteigboden |
| Marmelade |
| 2 dünne Scheiben Biskuit |
| *** |
| 1/8 l starker Kaffee |
| 2 El. Weinbrand |
| 2 Blatt Gelatine |

Füllung

| 100 g Milch |
| 50 g Zucker |
| 3 Eigelb |
| *** |
| 3 Eiweiß |
| 50 g Zucker |
| *** |
| 9 Blatt Gelatine |
| 60 g Weinbrand |
| 500 g Mascarpone (italienischer Frischkäse) |
| 1/2 l süße Sahne |

Dekor

| Kakao |

ZUBEREITUNG

Den Mürbeteigboden mit Marmelade bestreichen, mit einer Scheibe Biskuit belegen und mit einem Tortenring umstellen.
2 Blatt Gelatine in kaltem Wasser einige Minuten einweichen, ausdrücken und in dem heißen Kaffee auflösen. 2 El. Weinbrand zugeben und die Hälfte des Kaffees mit einem Pinsel auf den Biskuitboden auftragen.

9 Blatt Gelatine in kaltem Wasser einweichen.
3 Eiweiß mit 50 g Zucker zu einem sehr festen Schnee schlagen.
In einem größeren Topf die Milch, 50 g Zucker und 3 Eigelb erhitzen (nicht kochen), dabei mit dem Schneebesen umrühren. Den steifen Eischnee zugeben und mit dem Schneebesen auf der Herdplatte unterschlagen, bis er gut vermengt ist.

Von der Herdplatte nehmen, die ausgedrückte Gelatine und den Weinbrand unterrühren.
In einer großen Schüssel die Eimasse mit dem Mascarpone verrühren und kurz abkühlen lassen.

Die steifgeschlagene Sahne untermelieren und einen Teil des Krems auf den Biskuitboden geben.
Die zweite Biskuitscheibe auflegen, mit dem restlichen Kaffee bepinseln und den restlichen Krem darauf verteilen.
Mit dem Garnierkamm die Oberfläche abkämmen und mit Kakao besieben.
Die Torte im Kühlschrank 2-3 Stunden fest werden lassen, dann mit einem spitzen Messer aus dem Tortenring schneiden.

Stracciatella-Sahnetorte

Ergibt ca. 16 Stücke
Arbeitszeit ca. 60 Min.
Backzeit 25 - 30 Min.
bei 200 Grad

ZUTATEN

1 dünner Mürbeteigboden
Marmelade

Biskuit

4 Eier
120 g Zucker
60 g Mehl
60 g Mondamin
40 g gem. Haselnüsse
40 g feingehackte Kuvertüre
Vanillearoma

Sahnefüllung

1/8 l Marsala
50 g Zucker
1 Eigelb
1 Vanilleschote
7 Blatt Gelatine
1/2 l süße Sahne
50 g feingehackte Kuvertüre

Dekor

1/4 l süße Sahne
10 g Zucker
2 Blatt Gelatine
ca. 50 g Kuvertüre

ZUBEREITUNG

Eier und Zucker im Wasserbad warm, dann kalt schlagen, und die restlichen Zutaten untermelieren.
Den Boden einer konischen Backform von 28 cm Ø mit Papier auslegen, den Rand nicht fetten, die Biskuitmasse einfüllen und bei 200 Grad 25 - 30 Min. backen.

Gelatine in kaltem Wasser einweichen. Marsala, Zucker, Eigelb und Vanillemark erwärmen und die ausgedrückte Gelatine darin auflösen. Abkühlen lassen.
Vor dem Gelieren die steif geschlagene Sahne und die Kuvertüre untermelieren.

Den kalten Biskuit zweimal durchschneiden. Den Mürbeteigboden mit Marmelade bestreichen, die größte Scheibe Biskuit auflegen und die Torte mit dem Sahnekrem füllen und zusammensetzen. Im Kühlschrank fest werden lassen.

Sahne und Zucker steif schlagen, Gelatine unterrühren und die Torte damit einstreichen. Den Rand mit dem Garnierkamm abkämmen und mit dem Spritzbeutel und 8er Lochtülle Tupfen aufspritzen.
Kuvertüre im Wasserbad auflösen, aber nicht warm werden lassen.
Auf ein Papier dünn aufstreichen und nach dem Erstarren in Rauten schneiden. Kuvertüre-Rauten auf die Sahnetupfen und an den Rand legen und wenig gehackte Kuvertüre auf die Mitte streuen.

Burgunder Kirsch-Sahnetorte

Ergibt 16 - 18 Stücke
Arbeitszeit ca. 60 Min.
Backzeit pro Boden 4 - 5 Min.
bei 250 Grad

ZUTATEN

1 dünner Mürbeteigboden
Marmelade

Biskuitmasse

5 Eier
125 g Zucker
80 g Mehl
50 g Mondamin
Zitrone, Vanille
1 Glas Kaiserkirschen
wenig gem. Nüsse

Sahnefüllung

$1/8$ l Rotwein
75 g Zucker
2 Eigelb
2 El. Schwarzkirschkonfitüre
8 Blatt Gelatine
$3/4$ l süße Sahne

Dekor

Tortenguß
evtl. $1/8$ l Sahne und 1 Blatt Gelatine

ZUBEREITUNG

Eier und Zucker sehr gut schaumig rühren, Aroma zugeben und Mehl mit Mondamin untermelieren.
Auf Butterbrotpapier oder Backfolie 3 Böden von 26 cm Ø aufstreichen.
Zwei dieser Böden bei 250 Grad 4 - 5 Min. backen, den dritten Boden mit entsteinten Kirschen belegen und bei 200 Grad goldgelb backen.

Die Biskuitböden mit Hilfe des Tortenringes ausschneiden.
Den Mürbeteigboden mit Marmelade bestreichen, einen Biskuitboden auflegen und mit einem Tortenring umstellen.

Den Kirsch-Biskuitboden auf der Unterseite mit wenig gem. Nüssen bestreuen damit er nicht anklebt und gleich wieder mit der bestreuten Seite auf eine Tortenscheibe stürzen.

Für die Füllung den Rotwein mit Zucker und Eigelb erwärmen, die eingeweichte, ausgedrückte Gelatine darin auflösen, die Kirschkonfitüre und die restlichen, kleingehackten Süßkirschen zugeben.
Vor dem Gelieren die geschlagene Sahne untermelieren.

Die Hälfte des Sahnekrems auf den vorbereiteten Boden geben, den zweiten Boden auflegen, die restliche Sahne darauf verteilen und mit dem Kirsch-Biskuitboden abdecken. Im Kühlschrank 2 - 3 Stunden fest werden lassen.
Die Oberfläche der Torte mit dem Tortenguß abglänzen und die Torte aus dem Ring schneiden.
Evtl. $1/8$ l Sahne steif schlagen, 1 Blatt aufgelöste Gelatine unterrühren und den Tortenrand damit einstreichen und mit dem Garnierkamm abkämmen.

Amaretto-Sahnekremtorte

Ergibt 16 Stücke
Arbeitszeit ca. 60 Min.
Backzeit pro Boden 4 - 5 Min.
bei 250 Grad

ZUTATEN

| 1 dünner Mürbeteigboden |
| Marmelade |

Rouladenmasse

| 5 Eier |
| 125 g Zucker |
| 80 Mehl |
| 50 g Mondamin |
| 10 g Kakao |
| 1-2 El. Wasser |
| Zitrone, Vanille |

Sahnefüllung

| 1/8 l Milch |
| 60 g Zucker |
| 9 Blatt Gelatine |
| 75 g Marzipanrohmasse |
| 6 El. Amaretto |
| 3/4 l süße Sahne |

Dekor

| 1 Tortenguß |
| grob gehackte Mandeln |

ZUBEREITUNG

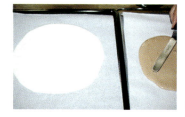

Eier und Zucker gut schaumig rühren, Aroma zugeben sowie Mehl und Mondamin untermelieren. Auf ein mit Papier belegtes Backblech einen Boden von ca. 28 cm Ø aufstreichen und diesen bei 250 Grad ca. 4 - 5 Min. backen. Kakao mit Wasser verrühren und mit der restlichen Masse vermischen. Davon ebenfalls einen Boden von ca. 28 cm Ø und von dem Rest einen kleinen Boden aufstreichen und beide bei 250 Grad ca. 4 - 5 Min. backen.

Die beiden großen Böden abgekühlt auf mit Zucker bestreutes Papier stürzen, das Backpapier abziehen und mit Hilfe eines Torteneinteilers in Stücke schneiden. Abwechselnd die hellen und dunklen Stücke mit der Backseite nach außen in eine große Schüssel legen.

Gelatine in kaltem Wasser einweichen.
Milch und Zucker erhitzen und die ausgedrückte Gelatine darin auflösen.
Etwas von der Milch mit dem Marzipan vermengen bis er weich und glatt ist, mit dem Likör zu der übrigen Milch geben und abkühlen lassen.
Vor dem Gelieren die steif geschlagene Sahne untermelieren, die Hälfte davon in die vorbereitete Schüssel geben und den kleinen Boden auflegen.

Den restlichen Sahnekrem einfüllen und abwechselnd mit den übrigen Biskuitstücken abdecken. Den mit Marmelade bestrichenen Mürbeteigboden auflegen und die Torte im Kühlschrank 2 - 3 Stunden fest werden lassen. Dann die Torte aus der Schüssel stürzen, mit Tortenguß abglänzen und mit wenig gehackten, gerösteten Mandeln bestreuen. Den Rand dicht mit Mandeln absetzen.

Diplomaten-Sahnetorte

Ergibt 16 - 18 Stücke
Arbeitszeit ca. 60 Min.
Backzeit je Boden 4 - 5 Min.
bei 250 Grad

ZUTATEN

1 dünner Mürbeteigboden
Marmelade

Rouladenmasse

7 Eier
175 g Zucker
110 g Mehl
70 g Mondamin
Zitrone, Vanille

Füllung

5 El. Cointreau
1 große Dose Früchtecocktail
$^{3}/_{4}$ l süße Sahne
30 g Zucker
6 Blatt Gelatine

Dekor

80 - 100 g Hobelmandeln
1 P. Tortenguß

ZUBEREITUNG

Aus den angegebenen Zutaten eine Biskuitrouladenmasse herstellen.
Auf Backfolie oder Butterbrotpapier einen Boden von 26 cm Ø aufstreichen und mit Hobelmandeln bestreuen und einen Boden von 24 cm Ø aufstreichen.

Aus der restlichen Masse eine große Platte aufstreichen und alle Böden nacheinander bei 250 Grad 4 - 5 Min. backen. Die übrigen Mandeln im Backofen hell rösten.

Die große Biskuitplatte in Stücke schneiden und mit dem Likör beträufeln.

Eine Kuppelform mit dem großen, mit Mandeln bestreuten Boden auslegen.
Gelatine einweichen, Sahne mit Zucker steif schlagen, die aufgelöste Gelatine unterrühren und mit den abgetropften Früchten und den getränkten Biskuitstückchen vermengen.
In die ausgelegte Kuppelform füllen, den kleinen Boden auflegen und mit dem mit Marmelade bestrichenen Mürbeteigboden abdecken. 2 - 3 Stunden kalt stellen.

Die Torte aus der Form stürzen, mit Tortenguß abglänzen und den Rand mit den gerösteten Hobelmandeln bestreuen.

Sabayon-Sahnetorte

Ergibt ca. 16 Stücke
Zubereitungszeit ca. 50 Min.
Backzeit pro Backblech 4 - 5 Min.
bei 250 Grad

ZUTATEN

1 dünner Mürbeteigboden

Rouladenmasse

7 Eier

175 g Zucker

110 g Mehl

70 g Mondamin

Zitrone, Vanille

Aprikosenmarmelade

Sahnefüllung

200 g Sherry, Marsala oder Portwein

80 g Zucker

6 Eigelb

10 Blatt Gelatine

¾ l süße Sahne

Garnitur

1 Tortenguß

gem. Nüsse oder Mandeln

ZUBEREITUNG

Aus den angegebenen Zutaten eine Rouladenmasse herstellen und davon zwei Biskuitrouladen backen. Abgekühlt ein Rouladenblatt auf gezuckertes Papier stürzen, das Backpapier abziehen, mit Marmelade bestreichen und das zweite Biskuitblatt darauf stürzen. Das Backpapier abziehen, zwei Drittel der Oberfläche mit Marmelade bestreichen und zweimal längs durchschneiden.

Die doppelten Rouladenstreifen jeweils mit den bestrichenen Seiten zusammensetzen, mit dem Papier einpacken, pressen und ca. 1 Tag ruhen lassen.
Die Rouladenkapsel in dünne Scheiben schneiden und eine kuppelförmige Schüssel damit auslegen.

Gelatine in kaltem Wasser einweichen.
Wein, Zucker und Eigelb im Wasserbad mit dem Schneebesen schlagen, bis die Masse heiß und dicklich ist. Die ausgedrückte Gelatine darin auflösen und den Krem abkühlen lassen.
Die geschlagene Sahne mit einem breiten Kochlöffel unter den kalten, noch nicht erstarrten Krem melieren.

Die Sahnefüllung in die Schüssel füllen, die restlichen Rouladenstreifen auflegen und mit dem mit Marmelade bestrichenen Mürbeteigboden abdecken.
Ca. 2 - 3 Stunden im Kühlschrank fest werden lassen.
Die Torte aus der Schüssel stürzen, mit dem Tortenguß abglänzen und den Rand mit gerösteten Mandeln oder Nüssen absetzen.

Marmor-Sahnetorte

Ergibt 16 - 18 Stücke
Arbeitszeit ca. 60 Min.
Backzeit pro Backblech 4 - 5 Min.
bei 250 Grad

ZUTATEN

| 1 dünner Mürbeteigboden |
| Marmelade |

Helle Biskuitroulade

| 3 Eier |
| 75 g Zucker |
| 50 g Mehl |
| 20 g Mondamin |
| Zitrone, Vanille |

Schokoladenroulade

| 4 Eier |
| 80 g Zucker |
| 60 g Mehl |
| 30 g Mondamin |
| 15 g Kakao |
| Zitrone, Vanille |
| Aprikosenmarmelade |

Sahnefüllung

| 4 Eigelb |
| 75 g Zucker |
| 250 g heiße Milch |
| 1 Vanilleschote |
| 9 Blatt Gelatine |
| ¾ l süße Sahne |
| 2 El. Eierlikör |
| 100 g Bitterkuvertüre |
| 50 g Nougat |
| 2 El. Rum |

Garnitur

| Tortenguß |
| gem., geröstete Haselnüsse |

ZUBEREITUNG

Für die Biskuitrouladen jeweils Eier und Zucker gut schaumig rühren, restliche Zutaten untermelieren und auf mit Papier belegte Backbleche streichen und bei 250 Grad je 4 - 5 Min. backen.
Beide Rouladen mit Aprikosenmarmelade zu einer Kapsel zusammensetzen, dabei darauf achten, daß abwechselnd eine helle und eine dunkle Roulade zusammenkommt.
In Papier einwickeln, pressen und ca. 1 Tag ruhen lassen.

Die Rouladenkapsel in dünne Scheiben schneiden und eine Kuppelform damit auslegen.

darin auflösen und abkühlen lassen. Vor dem Gelieren die geschlagene Sahne untermelieren. Die Sahnemasse teilen, eine Hälfte mit Eierlikör und eine Hälfte mit aufgelöster Kuvertüre, Nougat und Rum verrühren. Den hellen Sahnekrem zuerst in die ausgelegte Kuppelform geben und den dunklen Sahnekrem darauf verteilen und mit der Gabel beide Massen vermischen.

Für die Sahnefüllung Eigelb und Zucker schaumig rühren, die heiße Milch und das Vanillemark zugeben und im Wasserbad dicklich schlagen. Die eingeweichte, ausgedrückte Gelatine

Mit den restlichen Rouladenscheiben abdecken, evtl. überstehenden Rand mit dem Teigschaber entfernen und den mit Marmelade bestrichenen Mürbeteigboden auflegen. Die Torte 2 - 3 Stunden im Kühlschrank fest werden lassen.

Anschließend aus der Form stürzen, mit dem Tortenguß abglänzen und den Rand mit gerösteten Nüssen absetzen.

Kiwi-Sahnekremtorte

Ergibt 16 Stücke
Arbeitszeit ca. 45 Min.

ZUTATEN

1 dünner Mürbeteigboden
Marmelade
½ Biskuitboden

Kiwifüllung

¼ l Waldmeistersaft o. Apfelsaft o. Wein
100 g Zucker
7 Kiwis
1 Pck. Tortenguß
evtl. 2 - 3 El. Kiwilikör

Sahnekrem

⅛ l Milch
75 g Zucker
1 Eigelb
Saft v. ½ Zitrone
6 Blatt Gelatine
250 g Magerquark
400 g süße Sahne

Dekor

wenig Kuvertüre
200 g süße Sahne
10 g Zucker
2 Blatt Gelatine
1 Kiwi

ZUBEREITUNG

7 Kiwis schälen, in Stückchen schneiden und mit dem Zucker in dem Saft kurz aufkochen lassen. Mit dem angerührten Tortenguß binden und evtl. den Likör unterrühren.
Den Mürbeteigboden mit Marmelade bestreichen, mit einer Scheibe Biskuit belegen und mit einem Tortenring umstellen. Die warme Kiwifüllung darauf verteilen, mit einer Scheibe Biskuit abdecken und kalt stellen.

Gelatine in kaltem Wasser einweichen. Milch, Eigelb und Zucker erhitzen und die ausgedrückte Gelatine darin auflösen. Etwas abgekühlt den Quark und den Zitronensaft zugeben und vor dem Gelieren die geschlagene Sahne untermelieren. In den Tortenring geben, glatt streichen und kalt stellen.

Kuvertüre im Wasserbad auflösen und in eine Papiertüte füllen. Die Torte aus dem Ring schneiden und die Oberfläche schraffieren.

200 g Sahne mit dem Zucker steif schlagen, eingeweichte, aufgelöste Gelatine unterrühren und den Tortenrand einstreichen und abkämmen.
Sahnerosetten aufspritzen und mit Kiwischeibchen garnieren.

Aprikosen-Sahnekremtorte

Ergibt 16 - 18 Stücke
Arbeitszeit ca. 50 Min.

ZUTATEN

1 dünner Mürbeteigboden
Marmelade
½ Biskuit in zwei Scheiben

Füllung

1 große Dose Aprikosen
100 g Amarettis italienische Mandelmakronen
2 - 3 El. Aprikosenlikör
***
⅛ l Aprikosensaft
7 Blatt Gelatine
2 - 3 El. Aprikosenmarmelade
2 - 3 El. Aprikosenlikör
½ l süße Sahne

Dekor

¼ l süße Sahne
10 g Zucker
2 Blatt Gelatine
ca. 1 El. gehackte Pistazien
4 - 5 halbe Aprikosen

ZUBEREITUNG

Den Mürbeteigboden mit Marmelade bestreichen, mit einem Tortenring umstellen und eine Scheibe Biskuit auflegen. Die abgetropften Aprikosen bis auf wenige mit der Wölbung nach oben darauf verteilen.
Die Amarettis mit Likör beträufeln.
Gelatine in kaltem Wasser einweichen. Aprikosensaft erwärmen, die ausgedrückte Gelatine darin auflösen und Aprikosenmarmelade und Likör zugeben.

Abgekühlt die geschlagene Sahne untermelieren und einen Teil davon über die Aprikosen streichen.

Die Amarettis darauf verteilen, etwas eindrücken und eine Scheibe Biskuit auflegen. Den restlichen Sahnekrem aufstreichen und die Torte kalt stellen.

Die Torte aus dem Tortenring schneiden.
Sahne mit Zucker steif schlagen, aufgelöste Gelatine unterrühren und die Torte damit einstreichen. Den Rand abkämmen und mit dem Spritzbeutel und 8er Lochtülle pro Stück zwei Tupfen aufspritzen. Dazwischen je einen Aprikosenschnitz legen und die Tortenmitte mit Pistazien bestreuen.

Vanille-Sahnetorte

Ergibt 16 - 18 Stücke
Arbeitszeit ca. 40 Min.

ZUTATEN

1 dünner Mürbeteigboden

½ Schokoladenbiskuit in zwei Scheiben

Zum Bestreichen

100 g Marzipanrohmasse

ca. 4 El. Kirschwasser

Zum Tränken

1 Tasse Wasser

1 - 2 El. Zucker

ca. 4 El. Kirschwasser

Sahnefüllung

1 l süße Sahne

50 g Zucker

1 Vanilleschote

8 Blatt Gelatine

Dekor

Kuvertüreornamente

Kuvertürespäne

ZUBEREITUNG

Jede Biskuitscheibe in gleichmäßige Ringe schneiden. Dazu einen Dessertteller, eine Untertasse und eine Kaffeetasse als Schablone verwenden.
Das Innenstück mit einem Schnapsglas oder einem Eierbecher ausschneiden.

Marzipanrohmasse mit Kirschwasser weich machen und auf den Mürbeteigboden streichen. Mit einem Tortenring umstellen und den äußeren und den dritten Ring sowie das kleine Innenstück auflegen.
Für die Tränke Wasser und Zucker aufkochen lassen, Kirschwasser zugeben und mit dem Pinsel die Biskuitringe leicht tränken.

Gelatine in kaltem Wasser einweichen. Sahne mit Zucker steif schlagen, das ausgeschabte Vanillemark sowie die aufgelöste Gelatine unterrühren.
Mit dem Spritzbeutel und 8er Lochtülle die Zwischenräume der Biskuitringe mit Sahne füllen, darauf den zweiten und vierten Ring legen, diese leicht tränken und wieder die Lücken mit Sahne füllen. Diese Vorgänge noch einmal wiederholen und die Torte mit der restlichen Sahne einstreichen und ausgarnieren.

Den abgekämmten Rand und die obere Mitte mit Schokoladenspänen bestreuen und die Kuvertüreornamente auflegen.

Südfrucht-Sahnetorte

Ergibt 16 - 18 Stücke
Arbeitszeit ca. 40 Min.

ZUTATEN

1 dünner Mürbeteigboden
Marmelade
½ Biskuit in zwei Scheiben

Sahnefüllung

⅛ l Orangensaft
Saft von ½ Zitrone
1 Eigelb
90 g Zucker
8 Blatt Gelatine
¾ l süße Sahne
1 frische reife Mango

Dekor

¼ l süße Sahne
1 Teel. Zucker
2 Blatt Gelatine
2 Kiwis
16 -18 Mandarinenspalten
Tortenguß
Kuvertüre

ZUBEREITUNG

Gelatine in kaltem Wasser einweichen.
Orangensaft, Zitronensaft, Zucker und Eigelb erwärmen und die ausgedrückte Gelatine darin auflösen. Kalt stellen.
Den Mürbeteigboden mit Marmelade bestreichen, eine Scheibe Biskuit auflegen, mit einem Tortenring umstellen und mit Mangoschnitzen belegen.
Sahne steif schlagen, unter den kalten, aber noch nicht festen Fond melieren und einen Teil davon über den Mangoschnitzen verteilen.

Eine Scheibe Biskuit auflegen und den restlichen Sahnekrem aufstreichen.
Im Kühlschrank ca. 2 Stunden fest werden lassen.
Einen Tortenguß kochen und die Mandarinen damit abglänzen.
Den restlichen Guß zur Seite stellen.

Die Torte aus dem Tortenring schneiden. Sahne mit Zucker steif schlagen, aufgelöste Gelatine unterrühren und die Torte damit einstreichen und ausgarnieren.

Kiwischeiben auflegen und mit dem erwärmten Tortenguß abglänzen.
Mandarinenspalten auf die Sahnetupfen setzen.
Wenig Kuvertüre im Wasserbad auflösen, in ein Papiertütchen füllen und den Tortenrand schraffieren.

Apfel-Sahnetorte

Ergibt 16 - 18 Stücke
Arbeitszeit ca. 50 Min.

ZUTATEN

1 dünner Mürbeteigboden ·
Ananaskonfitüre
2 Scheiben Biskuit

***

1 kg Backäpfel
¼ l Weißwein
50 g Zucker

Sahnefüllung

¾ l süße Sahne
30 g Zucker
1 Fl. Arrak Aroma
6 Blatt Gelatine

Garnitur

Apfelscheibchen
wenig Tortenguß o. Aprikosen- marmelade
wenig gehackte Pistazien
gem. Haselnüsse

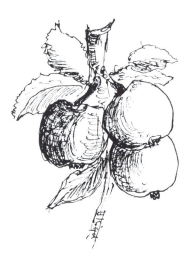

ZUBEREITUNG

Äpfel waschen, schälen und in breite Spalten teilen.
In Wein und Zucker nicht zu weich dünsten. Abtropfen lassen und 16 - 18 dünne Scheibchen zum Garnieren zur Seite legen.
Den Mürbeteigboden mit Ananaskonfitüre bestreichen, mit einer Scheibe Biskuit belegen, diese mit Ananaskonfitüre bestreichen, mit einem Tortenring umstellen und die abgekühlten Apfelspalten gleichmäßig darauf verteilen.

Die abgekühlten Apfelscheibchen für die Garnitur mit Tortenguß oder wenig aufgekochter Aprikosenmarmelade bepinseln. Gelatine in kaltem Wasser einweichen.
Sahne mit Zucker steif schlagen, Arrak und die aufgelöste Gelatine unterrühren. Einen Teil der Sahne auf die Äpfel streichen.

Die zweite Biskuitscheibe auflegen und die Torte mit der restlichen Sahne einstreichen und ausgarnieren.
Den Rand mit gerösteten Nüssen absetzen.

Pistazien aufstreuen und die Apfelscheibchen auflegen.

Apfel-Sahnekremtorte

Ergibt 16 - 18 Stücke
Arbeitszeit ca. 30 Min.

ZUTATEN

1 Mürbeteigboden
Marmelade
1 Scheibe Biskuit

Apfelfüllung

750 g Äpfel
ca. 50 g Zucker
2 - 4 El. Calvados
6 Blatt Gelatine

Sahnekrem

250 g Mascarpone
250 g Magerquark
$1/8$ l Milch
100 g Zucker
2-3 El. Calvados
6 Blatt Gelatine
200 g süße Sahne

Dekor

Kakao

ZUBEREITUNG

Gelatine in kaltem Wasser einweichen.
Äpfel schälen, in Stücke schneiden und in sehr wenig Wasser weich dünsten.
Grob pürieren, mit Zucker und Schnaps abschmecken und die ausgedrückte Gelatine in dem heißen Kompott auflösen.

Gelatine in kaltem Wasser einweichen.
Mascarpone, Quark und Milch glatt rühren, Zucker und Calvados zugeben, die aufgelöste Gelatine unterrühren und die steif geschlagene Sahne untermelieren.

Den Mürbeteigboden mit Marmelade bestreichen, die Biskuitscheibe auflegen und mit einem Tortenring umstellen. Das etwas abgekühlte Apfelkompott darauf streichen und kalt stellen.

Den Sahnekrem auf das Kompott geben, mit dem Garnierkamm abkämmen und mit wenig Kakao besieben. Im Kühlschrank fest werden lassen.

Holländer Kirschtorte

Ergibt 16 - 18 Stücke
Arbeitszeit ca. 45 Min.
Backzeit pro Boden 10 - 15 Min.
bei 225 Grad

ZUTATEN

600 g gefr. Blätterteig

Kirschfüllung

1 Glas Schattenmorellen
¼ l Kirschsaft aus dem Glas
75 - 100 g Zucker
1 Teel. Zimt
50 g Mondamin

Sahnefüllung

¾ l süße Sahne
30 g Zucker
3 El. Kirschwasser
6 Blatt Gelatine

Dekor

ca. 2 El. Aprikosenmarmelade
ca. 3 El. Staubzucker
wenig Zitronensaft
16 - 18 schöne Kirschen
1 Stück Kuvertüre

ZUBEREITUNG

Den aufgetauten Blätterteig zu 3 Böden auswellen. Diese sollen etwas größer als 26 cm Ø sein.

Mit der Gabel mehrmals einstechen, ca. 15 Min. ruhen lassen, dann jeden Boden auf einem nassen oder mit Papier oder Backfolie belegten Backblech im vorgeheizten Backofen bei 225 Grad ca. 10 - 15 Min. hellgelb backen. Auf einem Rost abkühlen lassen.

Die einzelnen Böden mit Hilfe eines Tortenringes von 26 cm Ø ausschneiden. Den Boden für die Decke auf der Unterseite (weil diese glatter ist) erst mit aufgekochter Aprikosenmarmelade, dann mit Staubzuckerguß bestreichen und mit einem scharfen Messer in 16-18 Stücke schneiden.

Einen Boden mit dem Tortenring umstellen, die kalte Kirschfüllung einstreichen und einen zweiten Boden auflegen.
Gelatine in reichlich kaltem Wasser einweichen.
Sahne mit Zucker steif schlagen, Kirschwasser zugeben und die ausgedrückte, aufgelöste Gelatine mit dem Schneebesen rasch unterrühren.
Ca. ⅔ davon in den Tortenring füllen, glatt streichen und den Ring abziehen. Die geschnittene Tortendecke darauf abschieben.

Den Tortenrand mit Sahne einstreichen.
Mit der restlichen Sahne die Torte ausgarnieren, mit Schokoladenspänen bestreuen und mit Kirschen belegen.

Flocken-Sahnetorte

Ergibt 16 - 18 Stücke
Arbeitszeit ca. 60 Min.
Backzeit pro Backblech 15 - 20 Min. bei ca. 225 Grad

ZUTATEN

Brandteig

160 g Wasser
80 g Margarine
1 Prise Salz
1 Prise Muskat
160 g Mehl
1 Msp. Hirschhornsalz
5 Eier

Streusel

50 g Zucker
50 g Butter
80 g Mehl
Zitrone, Vanille, Zimt

Sahnefüllung

¾ l süße Sahne
50 - 75 g Zucker
3 - 4 El. Maraschino
6 Blatt Gelatine
***
Preiselbeeren oder Johannisbeergelee zum Bestreichen
***
Staubzucker zum Bestreuen

ZUBEREITUNG

Wasser, Margarine, Salz und Muskat zum Kochen bringen.
Das Mehl, mit dem Hirschhornsalz vermischt, auf einmal hineinschütten;
dabei mit dem Kochlöffel so lange rühren, bis sich die Masse vom Topfboden löst und zu einem Kloß zusammenballt.
Den Topf von der Kochstelle nehmen und jedes Ei einzeln gut unterrühren.

Einen Tortenring auf ein gefettetes, gemehltes Backblech stellen und nacheinander 3 dünne Böden darin aufstreichen.
Aus den angegebenen Zutaten Streusel herstellen und einen Teigboden damit bestreuen. Die Böden je 15-20 Min. bei 225 Grad backen. Die Backofentür nicht vorzeitig öffnen, damit das Gebäck nicht zusammenfällt.

Gelatine in kaltem Wasser einweichen. Sahne und Zucker steif schlagen, Maraschino und die aufgelöste Gelatine mit dem Schneebesen schnell unterrühren. Einen abgekühlten Brandteigboden mit Preiselbeeren oder Johannisbeergelee bestreichen, mit einem Tortenring umstellen und die Hälfte der Sahne einfüllen. Einen zweiten bestrichenen Boden auflegen und die restliche Sahne aufstreichen.

Den Streuselboden in 16 - 18 Stücke schneiden und diese zusammen auf die Torte schieben. Mit wenig Staubzucker besieben und gut durchkühlen lassen. Danach den Tortenring entfernen.

Ananas-Sahnekranz

Ergibt 16 Stücke
Arbeitszeit ca. 30 Min.

ZUTATEN

⅓ Biskuitboden	
1 kleine Dose Ananas in Scheiben	
1 Dose Mandarinen	
½ Glas Ananaskonfitüre	
3 El. Eierlikör	
¾ l süße Sahne	
10 Blatt Gelatine	
¼ l Ananassaft	

ZUBEREITUNG

3 Blatt Gelatine in kaltem Wasser einweichen.
Ananassaft erwärmen und die ausgedrückte Gelatine darin auflösen.
Einen Teil davon in eine glatte Kranzform von 26 cm Ø aus Weißblech (andere Backformen werden von der Ananassäure beschädigt) gießen, im Kühlschrank fest werden lassen und mit der restlichen Flüssigkeit die Seitenteile der Form bepinseln.

7 Blatt Gelatine in kaltem Wasser einweichen.
Sahne steif schlagen, Ananaskonfitüre und Eierlikör mit der aufgelösten Gelatine untermischen.
Die Hälfte der Sahne in die Form füllen, kleingeschnittene Ananas- und Mandarinenstückchen darauf verteilen, dünne Biskuitscheibchen auflegen, die übrige Sahne darüber geben und glatt streichen.

Die Ananasscheiben quer durchschneiden und mit den Mandarinen auf dem erstarrten Saftspiegel anordnen.

Mit einer Scheibe Biskuit abdecken und im Kühlschrank 2 - 3 Stunden fest werden lassen. Die Form kurz in heißes Wasser tauchen und sofort stürzen.

Rum-Nuß-Sahnekranz

Ergibt ca. 16 Stücke
Arbeitszeit ca. 45 Min.

ZUTATEN

1 dickere Scheibe Biskuit

Sahnefüllung

⅛ l Milch
80 g Zucker
9 Blatt Gelatine
100 g Sultaninen
50 g grob gehackte Walnüsse
3 - 4 El. Rum
¾ l süße Sahne

Dekor

¼ l süße Sahne
1 Teel. Zucker
2 Blatt Gelatine
16 Walnußviertel
Kuvertüre

ZUBEREITUNG

Gelatine in kaltem Wasser einweichen.
Milch und Zucker erwärmen und die ausgedrückte Gelatine darin auflösen.

In eine glatte Kranzform (Weißblech) von 26 cm Ø füllen, dazwischen dünne Biskuitscheiben einlegen und mit einer dickeren Biskuitscheibe abdecken. Ca. 2 Stunden kalt stellen.

Etwas abkühlen lassen; die in Rum eingeweichten Sultaninen und Nüsse zugeben und einen kleinen Teil steif geschlagene Sahne mit dem Schneebesen unterrühren.
Die übrige Sahne mit einem breiten Kochlöffel untermelieren.

Die Form kurz in heißes Wasser tauchen und auf eine Platte stürzen.
¼ l Sahne mit 1 Teel. Zucker steif schlagen, 2 Blatt aufgelöste Gelatine unterrühren und den Sahnekranz damit einstreichen und ausgarnieren.
Walnußviertel auflegen und mit Kuvertürespänen bestreuen.

Sonnenblume

Ergibt 16 - 18 Stücke
Arbeitszeit ca. 40 Min.

ZUTATEN

1 dünner Mürbeteigboden
½ Biskuit
Marmelade

Sahnefüllung

¾ l süße Sahne
30 g Zucker
6 Blatt Gelatine
3 El. Kirschwasser
30 g aufgelöste Kuvertüre

Dekor

1 kl. Glas Süßkirschen
ca. 4 Pfirsichhälften
1 Tortenguß
Kuvertüre

ZUBEREITUNG

Den Mürbeteigboden mit Marmelade bestreichen.
Von dem Biskuitboden eine sehr dünne Scheibe abschneiden und die dicke Scheibe auf den Mürbeteigboden legen.
Gelatine in kaltem Wasser einweichen, Kuvertüre im Wasserbad auflösen. Sahne mit Zucker steif schlagen, Kirschwasser zugeben und die aufgelöste Gelatine unterrühren. Eine kleine, glatte Kranzform von ca. 20 cm Ø zur Hälfte mit der Sahne füllen, gehackte Kirschen und dünne Biskuitscheibchen einlegen und mit Sahne auffüllen.

Die Kranzform kurz in heißes

Wasser tauchen und auf den vorbereiteten Tortenboden stürzen.

Die aufgelöste, jedoch nicht heiße Kuvertüre mit ca. 5 El. Sahne schnell verrühren und in die Kranzmitte füllen.
Darauf halbierte Kirschen legen. Die restliche Sahne in einen Spritzbeutel mit großer Sterntülle füllen und damit den Rand ausgarnieren.

Zwischen die Sahnegarnierung Pfirsichscheibchen einstecken. Diese und die Kirschen mit wenig Tortenguß bepinseln.
Den Rand mit aufgelöster Kuvertüre schraffieren.

Schokoladen-Sahnetorte

Ergibt 16 - 18 Stücke
Arbeitszeit ca. 30 Min.

ZUTATEN

1 dünner Mürbeteigboden
Marmelade
½ Schokoladenbiskuit in zwei Scheiben

Sahnefüllung

150 g Kuvertüre
6 Blatt Gelatine
¾ l süße Sahne

Dekor

Schokoladenspäne

ZUBEREITUNG

Den Mürbeteigboden mit Marmelade bestreichen, mit einem Tortenring umstellen und eine Scheibe Biskuit auflegen.
Kuvertüre im heißen Wasserbad auflösen, Gelatine in kaltem Wasser einweichen, Sahne steif schlagen.

Einen Teil der Schokoladensahne kuppelförmig auf den Biskuit streichen, die zweite Biskuitscheibe auflegen und den Tortenring entfernen.
Die Torte mit der Sahne einstreichen und den Rand mit dem Garnierkamm abkämmen.

Gelatine ausdrücken, auflösen, zu der Kuvertüre geben, etwas geschlagene Sahne zugeben, erst dann mit dem Schneebesen gut verrühren.
Sofort mit der übrigen geschlagenen Sahne vermischen.

Mit dem Spritzbeutel und 8er Lochtülle Sahnetupfen aufspritzen und mit einem glatten Küchenmesser die Kuvertürespäne auf die Torte schaben.

Frankfurter Kranz

Ergibt ca. 18 Stücke
Arbeitszeit ca 40 Min.

ZUTATEN

1 gebackener Biskuitkranz siehe Grundrezept

Butterkrem

½ l Milch
1 P. Vanillepuddingpulver
100 g Zucker
3 Eigelb
250 g Butter oder Margarine
125 g Biskin
ca. 3 El. Rum

Tränke

1 Tasse Wasser
20 g Zucker
3 El. Rum

Dekor

ca. 150 g Krokant oder gem. geröstete Nüsse
ca. 18 halbe Belegkirschen

ZUBEREITUNG

Puddingpulver, Zucker und Eigelb mit einem Teil der Milch anrühren. Die restliche Milch zum Kochen bringen, das angerührte Puddingpulver einrühren und kurz aufkochen lassen.
Zum Abkühlen in eine Schüssel geben und die Oberfläche des Puddings sofort mit Butter oder Margarine betupfen, damit sich keine Haut bildet.
Beide Fettsorten zusammen mit dem Handrührgerät schaumig rühren, den Pudding löffelweise unterrühren und den Krem mit Rum abschmecken.

Den Kranz 3 mal durchschneiden. Für die Tränke das Wasser mit dem Zucker aufkochen, den Rum zugeben und die Böden nach dem Auflegen leicht damit bepinseln. Die Böden mit dem Krem zusammensetzen.
Den Kranz dünn mit Krem einstreichen und kalt stellen.
Dann noch einmal mit Krem einstreichen und mit einem Streifen Butterbrotpapier die Rundung glatt abziehen.

Mit Krokant oder Nüssen den Kranz einstreuen.

Mit dem restlichen Krem den Frankfurter Kranz ausgarnieren und die halbierten Belegkirschen auflegen.

Fürst-Pückler-Torte

Ergibt 16 - 18 Stücke
Arbeitszeit ca. 60 Min.

ZUTATEN

½ heller Biskuit in zwei Scheiben
½ Schokoladenbiskuit in zwei Scheiben

Butterkrem

½ l Milch
1 P. Vanillepuddingpulver
100 g Zucker
3 Eigelb
250 g Butter oder Margarine
125 g Biskin

***

50 g Kuvertüre

***

ca. 1 El. Erdbeermarmelade
ca. 1 El. Maraschino

***

ca. 1 El. Ananaskonfitüre
ca. 1 El. Eierlikör

Dekor

Marzipanfächer siehe Seite 156
Kuvertüre

ZUBEREITUNG

Puddingpulver, Zucker und Eigelb mit einem Teil der Milch anrühren. Die restliche Milch zum Kochen bringen, von der Kochstelle nehmen, das angerührte Puddingpulver unterrühren und gut durchkochen lassen. Sofort in eine Schüssel geben und die Oberfläche mit Butter oder Margarine betupfen, damit sich keine Haut bildet. Erkalten lassen.
Temperierte Butter oder Margarine mit dem Biskin schaumig rühren und den abgekühlten Pudding nach und nach unterrühren.

Ca. ⅔ des Krems mit der aufgelösten Kuvertüre verrühren. Den restlichen Krem je zur Hälfte mit Erdbeermarmelade und Maraschino und mit Ananaskonfitüre und Eierlikör abschmecken.

Einen Schokoladenbiskuitboden mit Schokoladenkrem bestreichen. Mit einem Tortenring umstellen und eine helle Biskuitscheibe auflegen. Mit Ananaskrem bestreichen, einen hellen Biskuitboden auflegen, mit Erdbeercrem bestreichen und mit einem Schokoladenbiskuitboden abdecken. Die Oberfläche dünn mit Schokoladenkrem bestreichen und die Torte kalt stellen.

Mit einem dünnen, glatten Messer die Torte aus dem Tortenring schneiden, mit dem restlichen Krem einstreichen und ausgarnieren.
Die Marzipanfächer auflegen und den Tortenrand leicht mit Schokoladenspänen bestreuen.

Kabinett-Torte

Ergibt 16-18 Stücke
Arbeitszeit ca. 60 Min.
Backzeit pro Backblech 4 - 5 Min.
bei 250 Grad

ZUTATEN

½ Biskuit in zwei Scheiben

Schokoladenroulade

6 Eier
125 g Zucker
80 g Mehl
50 g Mondamin
20 g Kakao
Zitrone, Vanille

Vanille-Butterkrem

½ l Milch
1 P. Vanillepuddingpulver
100 g Zucker
3 Eigelb
1 Vanilleschote
250 g Butter oder Margarine
125 g Biskin
1 Dose Mandarinen

Dekor

abgeglänzte Mandarinen
Kuvertüre
geröstete Hobelmandeln

ZUBEREITUNG

Eier und Zucker gut schaumig rühren, Aroma, Mehl, Mondamin und Kakao intensiv untermelieren, bis die Masse glänzt. Auf mit Papier belegten Backblechen 1 und ½ Roulade 4 - 5 Min. bei 250 Grad backen.
Bei der Kremzubereitung das Mark der Vanilleschote zugeben. Eine Scheibe Biskuit mit etwas Krem bestreichen und mit Mandarinen bestreuen. Die kalten Schokoladenrouladen auf mit Zucker bestreutes Papier stürzen, mit Krem bestreichen und in ca. 3 cm breite Streifen schneiden.

Einen Rouladenstreifen zu einer Schnecke aufrollen und auf die Mitte des Tortenbodens setzen. Mit einem Tortenring umstellen und die übrigen Streifen um die Schnecke herum ansetzen.

Wenig Krem aufstreichen, Mandarinen aufstreuen und mit einer dünnen Scheibe Biskuit abdecken.
Die Oberfläche dünn mit Krem einstreichen und die Torte kalt stellen.
Mit einem dünnen glatten Messer die Torte aus dem Tortenring schneiden, mit Krem einstreichen, den Rand abkämmen und mit dem Spritzbeutel und kleiner Lochtülle Tupfen aufspritzen.

Mandarinen mit Tortenguß abglänzen und auflegen.
Die Torte mit Hobelmandeln bestreuen und mit aufgelöster Kuvertüre schraffieren.

Karolatorte

Ergibt 16 - 18 Stücke
Arbeitseinsatz ca. 60 Min.
Backzeit pro Backblech 4 - 5 Min.
bei 250 Grad

ZUTATEN

1 Mürbeteigboden
Marmelade
Scheibe Biskuit

Rouladenkapsel

7 Eier
175 g Zucker
110 g Mehl
70 g Mondamin
Zitrone, Aprikosenmarmelade

Butterkrem

½ l Milch
1 Pck. Vanillepuddingpulver
100 g Zucker
3 Eigelb
250 g Butter oder Margarine
125 g Biskin
***
Erdbeermarmelade, Eierlikör
***
Ananaskonfitüre, Rum
***

Dekor

Tortenguß
gemahlene, geröstete Haselnüsse

ZUBEREITUNG

Für die Rouladenkapsel aus den angegebenen Zutaten eine Rouladenmasse herstellen und davon auf mit Papier oder Backfolie belegten Backblechen von ca. 40 x 43 cm Größe 2 Biskuitrouladen bei 250 Grad je 4-5 Min. backen. Abgekühlt ein Rouladenblatt auf gezuckertes Papier stürzen, das Backpapier abziehen, mit Aprikosenmarmelade bestreichen und das zweite Biskuitblatt darauf stürzen. Das Backpapier abziehen, ⅔ der Oberfläche mit Marmelade bestreichen und zweimal längs durchschneiden. Die doppelten Rouladenstreifen mit den bestrichenen Seiten zusammensetzen, mit Papier einpacken, pressen und ca. 1 Tag ruhen lassen.

Die Rouladenkapsel in dünne Scheiben schneiden und eine kuppelförmige Schüssel damit auslegen.

Puddingpulver, Zucker und Eigelb mit einem Teil der Milch anrühren. Die restliche Milch zum Kochen bringen, von der Kochstelle nehmen, das angerührte Puddingpulver unterrühren und gut durchkochen lassen. Sofort in eine Schüssel geben und die Oberfläche mit Butter und Margarine betupfen, damit sich keine Haut bildet. Erkalten lassen.

Temperierte Butter oder Margarine mit dem Biskin schaumig rühren und den abgekühlten Pudding nach und nach unterrühren.
Einen Teil Krem mit Erdbeermarmelade und Eierlikör, den anderen Teil mit Ananaskonfitüre und Rum abschmecken.

Abwechselnd beide Kremsorten einstreichen, zwischendurch Rouladenscheibchen auflegen, bis alle Zutaten verarbeitet sind. Eine Scheibe Biskuit auflegen und mit dem mit Marmelade bestrichenen Mürbeteigboden abdecken. Kalt stellen.
Die Torte aus der Schüssel stürzen, mit dem Tortenguß abglänzen und den Rand mit Nüssen absetzen.

Prager Kirschtorte

Ergibt 16 - 18 Stücke
Arbeitszeit ca. 75 Min.
Backzeit pro Backblech ca. 7 Min.
bei 200 Grad

ZUTATEN

1 dünner Mürbeteigboden

Marmelade

Tortenböden

7 Eier

175 g Zucker

100 g Mehl

50 g Mondamin

80 g gem. Haselnüsse

1 Glas Schattenmorellen

50 g gehobelte Haselnüsse

Butterkrem

2 Eier

3 El. heiße Milch

130 g Zucker

250 g Butter oder Margarine

125 g Biskin

ca. 3 El. Kirschwasser

Dekor

Tortenguß

Kremtupfen

16 - 18 Kaiserkirschen

evtl. gem. Nüsse

ZUBEREITUNG

Eier und Zucker sehr gut schaumig rühren, Mehl, Mondamin und gem. Haselnüsse untermelieren. Auf Papier oder Backfolie 5 Böden von ca. 26 cm Ø aufstreichen, mit abgetropften Schattenmorellen belegen und einen Boden zusätzlich mit gehobelten Haselnüssen bestreuen.
Jeden Boden bei 200 Grad ca. 7 Min. backen.

Von den abgekühlten Böden das Papier oder die Backfolie abziehen und diese in der Größe des Tortenringes ausschneiden.

Für den Krem Eier, Milch und Zucker im Wasserbad mit dem Schneebesen sehr warm, ca. 80 Grad, und dann wieder kalt schlagen.

Butter oder Margarine mit dem Biskin schaumig rühren, die Eimasse untermischen und mit Kirschwasser abschmecken.
Den Mürbeteigboden mit Marmelade bestreichen, mit einem Tortenring umstellen und die Nußböden abwechselnd mit dem Krem einsetzen.
Mit dem mit Hobelnüssen bestreuten Boden abdecken. Kalt stellen.

Die Oberfläche mit Tortenguß abglänzen, den Rand mit Krem einstreichen und abkämmen. Evtl. mit Nüssen bestreuen. Mit der 3er Lochtülle Kremtupfen aufspritzen und darauf abgeglänzte Kaiserkirschen setzen.

Pistazien-Kremtorte

Ergibt 16 - 18 Stücke
Arbeitszeit ca. 60 Min.

ZUTATEN

½ hellen Biskuit
½ Schokoladenbiskuit

Pistazienkrem

2 Eier
3 El. heiße Milch
130 g Zucker
250 g Butter oder Margarine
125 g Biskin
100 g Marzipanrohmasse
ca. 4 El. Kirschwasser
25 g gehackte Pistazien

Dekor

150 g Kuvertüre
15 g Biskin
Kremtupfen
Schokoladendekor od. gehackte Pistazien
gemahlene, geröstete Mandeln

ZUBEREITUNG

Eier, Milch und Zucker im Wasserbad mit dem Schneebesen sehr warm, ca. 80 Grad, und dann wieder kalt schlagen.
Butter oder Margarine mit dem Biskin schaumig rühren und die Eimasse untermischen.
Marzipanrohmasse mit Kirschwasser weich machen und unter den Krem rühren.
Abwechselnd zwei helle und zwei Schokoladenbiskuitscheiben mit dem Krem zusammensetzen, dabei gehackte Pistazien aufstreuen. Kalt stellen.
Mit dem Messer bis zum Tortenboden einen Kegel ausschneiden und herausnehmen.

Die Schräge mit Krem bestreichen, mit Pistazien bestreuen und den Kegel umgedreht wieder einsetzen und andrücken. Die Torte mit Krem dünn einstreichen, kalt stellen und nochmals mit Krem glatt streichen.

Kuvertüre und Biskin zusammen im nicht zu heißen Wasserbad auflösen, aber nicht zu warm werden lassen. Papier auf die Arbeitsfläche legen, darauf ein Kuchengitter stellen und die Torte auf einer Tortenscheibe von 26 cm Ø daraufsetzen, damit die Schokoladenglasur abfließen kann.
Nun die temperierte Glasur auf die Tortenmitte geben und mit der Palette gleichmäßig verteilen. Den unteren Rand mit gemahlenen, gerösteten Mandeln absetzen.

Für die Einteilung ein Kuchenmesser im heißen Wasser erwärmen, abtrocknen und ohne Druck die Schokoladenglasur schmelzen lassen. Auf die gleiche Art auch am Rand senkrecht die Stücke einteilen.

Mit dem restlichen Krem Tupfen aufspritzen und Schokoladendekor oder gehackte Pistazien auflegen.

Trüffeltorte

Ergibt 16 - 18 Stücke
Arbeitszeit ca. 60 Min.
Backzeit 35 - 40 Min.
bei ca. 200 Grad

ZUTATEN

Rührmasse

125 g Zucker
10 Eier
125 g gem. Mandeln
75 g Mehl
25 g Kakao
1 Msp. Zimt
30 g Butter

Füllung

½ l süße Sahne
3 El. Milch
300 g dunkle Kuvertüre
100 g Nougat
Vanillearoma

Dekor

Kremtupfen
ca. 50 g Schokoladenstreusel

ZUBEREITUNG

Eigelb mit der Hälfte des Zuckers schaumig rühren, Eiweiß mit dem restlichen Zucker zu einem festen Schnee schlagen.
Zuerst den Eischnee unter die Eigelbmasse mischen.
Dann Mehl, Mandeln, Kakao und Zimt und zum Schluß die heiße Butter untermelieren. In einem mit Papier eingeschlagenen Tortenring von 26 cm Ø bei ca. 200 Grad 35-40 Min. backen.

Für die Füllung Sahne und Milch erhitzen, die kleingehackte Kuvertüre und den Nougat darin auflösen. Vanillearoma zugeben, in eine Rührschüssel geben und kalt werden lassen.

Die kalte, aber noch flüssige Füllung mit dem Handmixer schaumig rühren, bis sie streichfähig und glänzend ist.
Die abgekühlte Torte einmal durchschneiden und mit etwas Krem füllen. Die Torte mit Krem einstreichen, mit Schokoladenstreusel einstreuen, einteilen und kleine Ringe aufspritzen

Mit dem restlichen Krem mit dem Spritzbeutel und 3er Lochtülle 16-18 Tupfen auf eine Tortenscheibe spritzen und diese mit Schokoladenstreusel bestreuen. Abkühlen lassen und auf die Kremringe setzen.

Haselnuß-Kremtorte

Ergibt 16 - 18 Stücke
Arbeitszeit ca. 60 Min.
Backzeit ca. 30 Min. bei 200 Grad

ZUTATEN

Nußbiskuit

6 Eier
180 g Zucker
90 g Mehl
90 g Mondamin
80 g gem. Haselnüsse
Zitrone, Vanille

Nußbutterkrem

2 Eier
3 El. heiße Milch
130 g Zucker
250 g Butter oder Margarine
125 g Biskin
100 g Nougat
2 El. Nußlikör

Nußglasur

100 g Nougat
100 g Vollmilchkuvertüre
10 g Biskin

Dekor

Kremtupfen
16-18 geröstete Haselnüsse
gem. Haselnüsse

ZUBEREITUNG

Eier und Zucker im Wasserbad warm und anschließend kalt schlagen. Aroma, gesiebtes Mehl mit Mondamin und die gemahlenen Haselnüsse untermelieren.
Bei 200 Grad ca. 30 Min. backen. Im Tortenring auskühlen lassen.
Nougat im Wasserbad weich werden lassen.
Eier, Milch und Zucker im Wasserbad sehr warm, ca. 80 Grad, und dann wieder kalt schlagen. Butter oder Margarine und Biskin schaumig rühren, erst die Eimasse, dann den aufgelösten Nougat und den Likör untermischen.

Den Nußbiskuit dreimal durchschneiden, mit dem Krem zusammensetzen und dünn einstreichen. Kalt stellen.
Dann nochmals mit Krem glatt einstreichen.
Nougat, Kuvertüre und Biskin zusammen im nicht zu heißen Wasserbad auflösen, aber nicht zu warm werden lassen.
Ein Stück Papier auf die Arbeitsfläche legen, darauf ein Kuchengitter stellen und die Torte auf einer Tortenscheibe von 26 cm Ø daraufsetzen, damit die Glasur an der Seite abfließen kann.

Nun die temperierte Nußglasur auf die Tortenmitte geben und mit der Palette gleichmäßig verteilen. Den unteren Rand mit gem. Nüssen absetzen.

Für die Einteilung ein Kuchenmesser im heißen Wasser erwärmen, abtrocknen und ohne Druck die Nußglasur schmelzen lassen.
Auf die gleiche Art auch am Rand senkrecht die Stücke einteilen. Mit dem restlichen Krem die Torte ausgarnieren und die gerösteten Haselnüsse auflegen.

Kirschwasser-Sandtorte

Ergibt 16 - 18 Stücke
Arbeitszeit ca. 60 Min.
Backzeit pro Duchesseboden
15 - 20 Min. bei ca. 150 Grad
Sandmasse ca. 30 Min.
bei 200 Grad

ZUTATEN

Duchesseböden

50 g Eiweiß
60 g Zucker
60 g gem. Mandeln
10 g Mondamin
15 g Margarine

Sandmasse

6 Eier
180 g Zucker
100 g Mehl
100 g Mondamin
Zitrone, Vanille
100 g Margarine

Kirschwassertränke

125 Wasser
60 g Zucker
60 g Kirschwasser

Krem

1 Ei
60 g Zucker
125 g Margarine
60 g Biskin
1 El. Kirschwasser

Dekor

ca. 100 g Hobelmandeln
Staubzucker
evtl. Marzipanrosen

ZUBEREITUNG

Für die Duchesseböden Eiweiß und Zucker im Wasserbad warm und anschließend kalt schlagen. Mandeln mit Mondamin und zum Schluß die warme Margarine untermelieren.
Auf Backfolie 2 dünne Böden von 26 cm Ø aufstreichen und diese bei ca. 150 Grad 15 - 20 Min. hell backen.

Für die Sandmasse die ganzen Eier mit dem Zucker im Wasserbad warm und anschließend kalt schlagen. Aroma zugeben, Mehl mit Mondamin und zum Schluß die heiße Margarine untermelieren.
Im Tortenring im vorgeheizten Backofen bei 200 Grad ca. 30 Min. backen.

Für die Tränke Wasser und Zucker gut aufkochen lassen, Kirschwasser zugeben und etwas abkühlen lassen. Für den Krem Ei und Zucker im Wasserbad gut warm, ca. 80 Grad, und anschließend kalt schlagen. Margarine und Biskin schaumig rühren, mit der Eimasse verrühren und mit Kirschwasser abschmecken.
Einen Duchesseboden mit wenig Krem bestreichen, den Sandmasseboden auflegen und mit einem Tortenring umstellen. Mit der Tränke bepinseln, bis diese voll verbraucht ist.

Wenig Krem aufstreichen und den zweiten Duchesseboden auflegen. Die Torte mit dem restlichen Krem einstreichen, mit gerösteten Hobelmandeln einstreuen und mit wenig Staubzucker besieben. Evtl. mit Marzipanrosen dekorieren.

Mainzer Torte

Ergibt 16 - 18 Stücke
Arbeitszeit ca. 60 Min.

ZUTATEN

1 dünner Mürbeteigboden
Marmelade
½ heller Biskuit in zwei Scheiben
½ Schokoladenbiskuit in zwei Scheiben

Butterkrem

½ l Milch
1 P. Vanillepuddingpulver
100 g Zucker
3 Eigelb
250 g Butter oder Margarine
125 g Biskin
ca. 4 El. Rum

Tränke

1 Tasse Wasser
1 - 2 El. Zucker
ca. 4 El. Rum

Dekor

Schokoladendekor
Pistazien
geröstete Hobelmandeln

ZUBEREITUNG

Aus den angegebenen Zutaten einen Deutschen Butterkrem, siehe Seite 102, herstellen.
Für die Tränke Wasser mit Zucker aufkochen, Rum zugeben und abkühlen lassen.

Die Biskuitböden mit Hilfe von z. B. Kuchenteller, Untertasse oder ähnlichem Geschirr in ca. 3 cm breite Ringe schneiden.
Den Mürbeteig mit Marmelade bestreichen und mit einem Tortenring umstellen. Abwechselnd dunkle und helle Biskuitringe darauf legen.

Mit etwas Tränke bepinseln.

Wenig Butterkrem aufstreichen, eine Lage Biskuitringe in der Farbe versetzt auflegen, tränken und mit Krem bestreichen.
Das Ganze noch einmal wiederholen.

Die Oberfläche dünn mit Krem einstreichen und die Torte gut durchkühlen lassen.
Den Tortenring entfernen, die Torte nochmals mit Krem einstreichen und den Rand mit dem Garnierkamm abkämmen.
Mit dem restlichen Krem ausgarnieren und mit Schokoladendekor, gehackten Pistazien und gerösteten Hobelmandeln verzieren.

Petits fours

Ergibt ca. 25 Stück
Arbeitszeit ca. 60 Min.
Backzeit pro Backblech
ca. 10 Min. bei ca. 230 Grad

ZUTATEN

50 g Marzipanrohmasse
4 Eigelb
25 g Zucker
Zitronenaroma
***
4 Eiweiß
50 g Zucker
30 g Mehl
30 g Mondamin
50 g Margarine
***
Aprikosenmarmelade oder
   Johannisbeergelee
***
50 g Marzipanrohmasse
25 g Staubzucker
***
250 g Staubzucker
wenig heißes Wasser
Kirschwasser
1 - 2 Tropfen gelbe Lebensmittelfarbe
1 Teel. löslicher Kaffee
***
Kuvertüre
Belegfrüchte
Mocca-Bohnen
Pistazien
Papierkapseln

ZUBEREITUNG

Marzipanrohmasse mit etwas Eigelb weich machen, restliches Eigelb, Zucker und Aroma zugeben und gut aufschlagen.
Eiweiß mit Zucker steif schlagen, unter die Eigelbmasse geben, Mehl, Mondamin und flüssige Margarine untermelieren.

Auf zwei nicht so große, mit Backpapier oder Backfolie belegte Backbleche aufstreichen und im vorgeheizten Backofen bei ca. 230 Grad ca. 10 Min. hell backen. Abgekühlt die Kapseln mit Marmelade zu 6 Schichten zusammensetzen und oben mit Marmelade bestreichen.

Marzipan mit dem Staubzucker anwirken, auf Staubzucker dünn auswellen, die Kapsel damit bedecken und etwas pressen.

Mit der Marzipanseite nach unten kleine Würfel oder andere Formen ausschneiden oder ausstechen.

Staubzucker mit Wasser und Kirschwasser zu einer dünnflüssigen Glasur verrühren. Einen Teil der Gebäckstücke mit der Marzipanseite nach oben in die Zuckerglasur tauchen, dann gelbe Lebensmittelfarbe zugeben und einen weiteren Teil Gebäckstücke in die Glasur tauchen.
Zum Schluß die Glasur mit dem aufgelösten Kaffee braun färben und die restlichen Petits fours damit überziehen.
Auf einem Gitter abtropfen lassen.

Mit Kuvertüre, Mocca-Bohnen, Belegfrüchten und Pistazien garnieren.

Sahne-Omelett

Ergibt 18 - 20 Stück
Arbeitszeit ca. 40 Min.
Backzeit pro Backblech
4 - 5 Min. bei 250 Grad

ZUTATEN

Biskuit

5 Eier
125 g Zucker
80 g Mehl
50 g Mondamin
Zitrone, Vanille

Sahnefüllung

¾ l süße Sahne
30 g Zucker
6 Blatt Gelatine
***
Früchte nach Wahl
Staubzucker

ZUBEREITUNG

Eier, Zucker und Aroma mit dem Handrührgerät auf höchster Schaltstufe sehr schaumig und steif schlagen.
Mehl mit Mondamin sieben und mit dem Kochlöffel intensiv untermelieren.
Auf mit Butterbrotpapier belegte Backbleche kleine Omeletts von ca 10 cm Ø aufstreichen und im vorgeheizten Backofen 4 - 5 Min. backen.

Sofort nach dem Backen das Papier vom Blech ziehen und die Omeletts auf dem Tisch erkalten lassen.
Erst unmittelbar vor dem Füllen die Omeletts vom Papier lösen. Dazu das Papier umdrehen und von den Plätzchen abziehen, nicht umgekehrt.

Gelatine in kaltem Wasser einweichen. Die gut gekühlte Sahne in einer kalten Schüssel mit dem Handmixer steif schlagen. Den Zucker dabei zugeben. Die Gelatine ausdrücken, in einem kleinen Töpfchen auf dem Herd so lange erwärmen, bis sie sich ganz aufgelöst hat. Dann mit dem Schneebesen rasch unter die geschlagene Sahne rühren.

Mit dem Spritzbeutel und 8er Sterntülle auf die eine Hälfte der Omeletts die Sahne aufspritzen, das Obst auflegen und die andere Hälfte überschlagen und leicht andrücken. Zum Schluß die Oberfläche mit Staubzucker besieben.

Gemischte Obstschnitten mit Sahnefüllung

Ergibt ca. 20 Stück
Arbeitszeit ca. 40 Min.
Backzeit ca. 4 - 5 Min.
bei 250 Grad

ZUTATEN

Rouladenmasse

4 Eier
100 g Zucker
60 g Mehl
40 g Mondamin
Zitrone, Vanille

Sahnefüllung

¼ l süße Sahne
10 g Zucker
2 Blatt Gelatine

Belag

Aprikosenmarmelade
Gemischtes Obst nach Belieben
1 P. Tortenguß
20 g Zucker
150 g Weißwein
150 g Wasser

ZUBEREITUNG

Eier und Zucker sehr gut schaumig rühren, Aroma zugeben und das gesiebte Mehl mit Mondamin untermelieren.
Auf ein mit Papier oder Backfolie belegtes Backblech von ca. 40 x 34 cm Größe streichen und im vorgeheizten Backofen bei 250 Grad ca. 4 - 5 Min. backen. Das abgekühlte Rouladenblatt auf ein mit Zucker bestreutes Papier stürzen, das Backpapier abziehen, den Biskuit halbieren und eine Hälfte mit der Backseite nach unten auf die Arbeitsfläche legen.

Gelatine in kaltem Wasser einweichen. Sahne mit Zucker steif schlagen, die aufgelöste Gelatine unterrühren und die Sahne auf den Biskuit streichen. Die zweite Biskuithälfte auflegen und mit Aprikosenmarmelade bestreichen.

Die abgetropften Früchte in Reihen auf den Biskuit legen.
Mit Wasser und Wein einen Tortenguß kochen. Mit dem Pinsel auf die Früchte auftragen.
Abgekühlt in Stücke schneiden und kalt stellen.

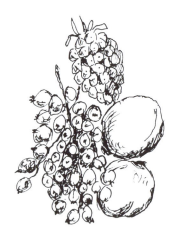

Bunte Obsttörtchen

Ergibt 20 Törtchen
Arbeitszeit ca. 45 Min.
Backzeit ca. 10 - 12 Min.
bei 200 Grad

ZUTATEN

300 g Mürbeteig
Marmelade
1 dünne Scheibe Biskuit
ca. ½ gekochter Vanillepudding
gemischtes Obst
1 Tortenguß
¼ l süße Sahne
10 g Zucker
2 Blatt Gelatine

ZUBEREITUNG

Mürbeteig auswellen, mit dem Druckholz aufrollen und über die ungefetteten, nicht zu dicht nebeneinander gestellten Förmchen locker zurückrollen.
Die Förmchen zusammenschieben und mit wenig leicht bemehltem Teig die Vertiefungen ausdrücken.
Mit der Gabel mehrmals einstechen, auf ein Backblech stellen und bei 200 Grad ca. 10 - 12 Min. hellgelb backen.

Die Torteletts sofort nach dem Backen aus den Förmchen stürzen.
Wenig Marmelade in die Torteletts streichen, je ein Stückchen Biskuit auflegen und darauf etwas Vanillepudding streichen.

Dicht mit Obst belegen und mit einem Tortenguß abglänzen.

Sahne steif schlagen, Zucker und die aufgelöste Gelatine unterrühren. Die Törtchen damit garnieren.

Mohrenköpfe

Ergibt 20 Stück
Arbeitszeit ca. 60 Min.
Backzeit pro Backblech
ca. 15 Min. bei ca. 200 Grad

ZUTATEN

| 5 Eier |
| 100 g Zucker |
| 100 g Mehl |
| 50 g Mondamin |
| Zitrone, Vanille, Salz |

Tränke

| 50 g Wasser |
| 50 g Zucker |
| 2 El. Kirschwasser |
| *** |
| 20 Gebäckkapseln |

Glasur

| 60 g Sahne |
| 40 g Honig |
| 150 g Kuvertüre |
| oder |
| ca. 200 g Kuvertüre |
| 20 g Biskin |

Sahnefüllung

| ½ l süße Sahne |
| 25 g Zucker |
| 4 Blatt Gelatine |
| evtl. Obst und Likör nach Wunsch |

ZUBEREITUNG

Eigelb, 50 g Zucker, 1 El. Mehl und Aroma sehr schaumig rühren.
Eiweiß steif schlagen, nach und nach den restlichen Zucker zugeben und zu einem festen Schnee weiterschlagen. Eigelb und Eischnee zusammengeben und das gesiebte Mehl und Mondamin untermelieren.
Mit dem Spritzbeutel und 8er Lochtülle auf mit Mehl bestäubtem Papier oder Backfolie 40 Häufchen aufspritzen und diese sofort bei 200 g ca. 15 Min. backen.

Für die Tränke Wasser und Zucker gut durchkochen lassen, Kirschwasser zugeben und die Hälfte der Mohrenkopfschalen mit der Tränke betupfen und in Gebäckkapseln setzen.

Für die Glasur Sahne und Honig erhitzen und die Kuvertüre darin auflösen.
Die andere Hälfte der Mohrenkopfschalen damit oder mit temperierter Kuvertüre und Biskin überziehen.

Gelatine in kaltem Wasser einweichen. Sahne mit Zucker steif schlagen, evtl. Likör und die aufgelöste Gelatine unterrühren. Auf die getränkten Schalen spritzen, evtl. Obst auflegen und mit den glasierten Schalen abdecken.

Schillerlocken

Ergibt 10 Stück
Arbeitszeit ca. 30 Min.
Backzeit ca. 20 Min.
bei 180 Grad

ZUTATEN

| 400 g Blätterteig |
| 1 Ei |
| Hagelzucker |

Sahnefüllung

| $1/4$ l süße Sahne |
| 10 g Zucker |
| 1 El. Kirschwasser |
| 2 Blatt Gelatine |

Dekor

| Staubzucker |

ZUBEREITUNG

Die aufgetauten Teigplatten aufeinander legen und ca. 3 mm dick auswellen. Mit dem Teigrädchen 2-3 cm breite Streifen ausradeln und diese mit wenig Wasser bestreichen.

Die Teigstreifen auf leicht geölte Schillerlockenformen oder auf selbstgeformte Alufolientüten locker und ohne den Teig zu ziehen aufrollen.
Wenn nötig die Streifen ansetzen. Dazu die Ansatzstelle mit wenig verquirltem Ei bestreichen.

Die Schillerlocken mit Ei bestreichen, in Hagelzucker rollen und auf ein nasses Backblech oder auf Backfolie mit der Naht nach unten legen. Ca. 15 Min. ruhen lassen, dann bei 180 Grad im vorgeheizten Backofen ca. 20 Min. hellgelb backen.
Noch warm die Formen oder Tüten entfernen und die Schillerlocken auf einem Gitter auskühlen lassen.

Gelatine in kaltem Wasser einweichen.
Sahne steif schlagen, Zucker, Kirschwasser und die aufgelöste Gelatine unterrühren. Mit dem Spritzbeutel und einer 8er Sterntülle die Sahne in die Schillerlocken füllen und diese leicht mit Staubzucker besieben.

Prasselkuchen

Ergibt ca. 20 Stücke
Arbeitszeit ca. 40 Min.
Backzeit pro Backblech
ca. 15 Min. bei ca. 200 Grad

ZUTATEN

600 g Blätterteig

Streusel

80 g Mehl

50 g Zucker

50 g Butter

Zitrone, Vanille, Zimt

Füllung

½ l süße Sahne

20 g Zucker

1 Vanilleschote

4 Blatt Gelatine

Dekor

Staubzucker

ZUBEREITUNG

Die einzelnen, aufgetauten Blätterteigscheiben je zu einem Quadrat auswellen und in vier Teile schneiden. Auf nasse Backbleche oder auf Backfolie legen, mit der Gabel mehrmals einstechen und ca. 15 Min. ruhen lassen.

Für die Streusel alle Zutaten zusammen verreiben.
Die Hälfte der Teigquadrate mit wenig Wasser bepinseln und die Streusel aufstreuen.
Bei 200 Grad ca. 15 Min. backen.

Gelatine in kaltem Wasser einweichen.
Sahne mit Zucker steif schlagen, ausgeschabtes Vanillemark und die aufgelöste Gelatine unterrühren und mit dem Spritzbeutel und 8er Sterntülle Rosetten auf die abgekühlten Teigscheiben ohne Belag spritzen und mit den Streuselscheiben abdecken. Mit wenig Staubzucker besieben.

Schweinsohren

Ergibt 10 - 12 Stück
Arbeitszeit ca. 20 Min.
Backzeit 15 - 20 Min.
bei ca. 220 Grad

ZUTATEN

300 g Blätterteig
30 - 50 g Zucker

ZUBEREITUNG

Aufgetaute Teigplatten übereinander legen und auf Zucker ca. 3 mm dick auswellen.

Den Teig von beiden Längsseiten bis zur Mitte einrollen und kühl ruhen lassen.

Die Teigrolle in ca. 1,5 cm dicke Scheibchen schneiden.

Die Teigscheibchen mit Zucker flach auswellen und auf ein nasses Backblech oder auf Backfolie legen und bei 220 Grad ca. 15 - 20 Min. backen.
Nach der halben Backzeit die Schweinsohren wenden, damit sie auf beiden Seiten knusprig werden.

Apfelstrudel mit Blätterteig

Ergibt ca. 18 Stücke
Arbeitszeit ca. 45 Min.
Backzeit ca. 25 - 30 Min.
bei ca. 200 Grad

ZUTATEN

1 Rezept Mürbeteig
Aprikosenmarmelade
1 Scheibe Biskuit

Füllung

1 kg Backäpfel
100 g Sultaninen
100 g Zucker
100 g Biskuitbrösel
150 g gem. Haselnüsse
1 Teel. Zimt
2 El. Rum
***
300 g Blätterteig
1 Ei
Aprikosenmarmelade
ca. 100 g Staubzucker
ca. 1 El. Rum oder Zitronensaft

ZUBEREITUNG

Einen Mürbeteig zubereiten, auswellen und zwei ca. 8 cm breite Streifen auf das Backblech geben. Mit der Gabel mehrmals einstechen und bei 200 Grad hell anbacken.

Den Mürbeteig dünn mit Marmelade bestreichen und Biskuitstreifen auflegen.

Äpfel schälen, in dünne Scheibchen schneiden und mit den übrigen Zutaten vermischen. Tunnelförmig auf die Teigstreifen geben und etwas andrücken.

Den aufgetauten Blätterteig aufeinander legen und in 2 lange, ca. 20 cm breite Streifen auswellen, längs zusammenschlagen und von der Mitte aus über die ganze Länge im Abstand von ca. 1 cm einschneiden. Die Apfelfüllung damit abdecken und die Ränder gut andrücken.
Mit dem verquirlten Ei bestreichen und bei 200 Grad im vorgeheizten Backofen ca. 25 - 30 Min. backen.
Die gebackenen Apfelstrudel mit der aufgekochten Aprikosenmarmelade bestreichen und mit Zuckerguß abglänzen.

Tiroler Apfelstrudel

Ergibt ca. 16 Stücke
Arbeitszeit ca. 50 Min.
Backzeit ca. 35 - 40 Min.
bei ca. 220 Grad

ZUTATEN

Strudelteig

250 g Mehl
je 1 Prise Salz und Zucker
ca. $1/8$ l warmes Wasser
50 g flüssige Butter oder Margarine

Füllung

40 g Butter oder Margarine
4 - 5 El. Weckmehl
600 g Backäpfel
80 g Zucker
30 g gem. Mandeln oder Nüsse
50 g Sultaninen
1 Msp. gem. Zimt
evtl. 1 El. Rum

Zum Bestreichen

1 verquirltes Ei
ca. 2 El. Aprikosenmarmelade
ca.. 4 El. Staubzucker
ca.. 2 El. geröstete Hobelmandeln

ZUBEREITUNG

Mehl mit Zucker und Salz auf die Arbeitsfläche geben, Wasser und Fett in die Mitte geben und vom Rand nach und nach das Mehl untermischen.
Den Teig auf dem Tisch gut durcharbeiten, bis er glatt und glänzend ist.

Den Teig mit warmem Fett bestreichen, mit einer erwärmten Schüssel abdecken und ca. 30 Min. ruhen lassen.

Weckmehl in Butter oder Margarine hell anrösten.
Äpfel schälen, in feine Blättchen schneiden und mit den übrigen Zutaten vermengen. Den Teig sehr dünn auswellen oder auf einem Tuch ausziehen, in der Mitte durchschneiden, auf jede Hälfte zuerst das geröstete Weckmehl, dann die Apfelfüllung verteilen und jeden Strudel aufrollen.

Die Ränder gut verschließen, die Strudel auf ein gefettetes Backblech oder auf Backfolie legen und mit dem verquirlten Ei bestreichen.

Bei 220 Grad ca. 35 - 40 Min. hellgelb backen.
Staubzucker mit wenig Wasser oder Rum verrühren und die Strudel mit aufgekochter Aprikosenmarmelade aprikotisieren und mit dem Zuckerguß glasieren.
Die gerösteten Hobelmandeln darüber streuen.

Spritzballen

Ergibt ca. 18 Stück
Arbeitszeit ca. 45 Min.
Backzeit pro Backblech
ca. 25 Min. bei 225 Grad

ZUTATEN

Brandteig

160 g Wasser
80 g Margarine
1 Prise Salz und Muskat
160 g Mehl
1 Msp. Hirschhornsalz
5 Eier
***
Ca. ½ Rezept Mürbeteig

Füllung

¼ l Milch
½ Pck. Vanillepuddingpulver
2 El. Zucker
¼ l süße Sahne
2 Blatt Gelatine
***
Staubzucker zum Besieben

ZUBEREITUNG

Wasser, Margarine, Salz und Muskat zum Kochen bringen.

Das mit Hirschhornsalz vermischte Mehl auf einmal zugeben und mit einem kräftigen Kochlöffel so lange rühren, bis sich der Teig vom Topfboden löst und zu einem Kloß zusammenballt.
Den Topf von der Kochstelle nehmen und jedes Ei einzeln gut unterrühren.

Auf gefettete, gemehlte Backbleche mit dem Spritzbeutel und 16er Sterntülle ca. 18 Rosetten aufspritzen.
Den Mürbeteig auswellen, Plätzchen in der Größe der Brandteigrosetten ausstechen und je ein Mürbeteigplätzchen auf eine Brandteigrosette legen. Im vorgeheizten Backofen bei 225 Grad ca. 25 Min. backen. Die Backofentür nicht vorzeitig öffnen, damit die Spritzballen nicht zusammenfallen.

Sahne steif schlagen und die eingeweichte, ausgedrückte und aufgelöste Gelatine mit dem Schneebesen unterrühren.
Den vorher gekochten und gut abgekühlten Pudding unter die Sahne mischen.

Mit dem Spritzbeutel und kleiner Lochtülle die Spritzballen füllen und mit Staubzucker leicht besieben.

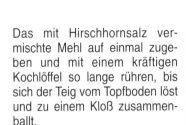

Frangipantörtchen

Ergibt 40 - 50 Stück
Arbeitszeit ca. 60 Min.
Backzeit pro Backblech
ca. 25 Min. bei 200 Grad

ZUTATEN

Mürbeteig

500 g Mehl
200 g Zucker
250 g Margarine
2 Eier
Salz, Zimt, Zitrone, Vanille

Frangipanmasse

250 g Butter oder Margarine
200 g Staubzucker
1 Prise Salz
Zitrone, Vanille
3 Eier
4 Eigelb
250 g geschälte, gem. Mandeln
60 g Mehl
30 g Mondamin
100 g Orangeat

Dekor

Aprikosenmarmelade
gem. geröstete Mandeln
Belegkirschen

ZUBEREITUNG

Aus den angegebenen Zutaten einen Mürbeteig herstellen.
Die Förmchen nicht zu dicht nebeneinander auf die Arbeitsplatte stellen.
Den Teig auswellen und mit Hilfe eines Rundstabes über die Förmchen rollen.

Nun die Förmchen zusammenschieben.
Etwas Teig leicht in Mehl tauchen und damit den Mürbeteig in die Förmchen drücken.

Butter, Staubzucker und Aromastoffe schaumig rühren. Nach und nach die Eier zugeben und mit aufschlagen.
Mandeln, Mehl, Mondamin und Orangeat mit einem großen Kochlöffel untermelieren.
Mit dem Spritzbeutel ohne Spritztülle die Frangipanmasse auf den Mürbeteig füllen.
Bei 200 Grad im vorgeheizten Backofen pro Backblech ca. 20 - 25 Min. backen.

Die Törtchen sofort nach dem Backen aus den Förmchen lösen und abkühlen lassen. Mit der aufgekochten Aprikosenmarmelade bestreichen, die Ränder mit Mandeln bestreuen und ein Stückchen Belegkirsche auflegen.

Tip

Anstelle von kleinen Förmchen kann man die Masse auch in einem runden Kuchenblech von 30 cm Ø backen. In diesem Fall wird nur die Hälfte des Mürbeteiges benötigt.

Amerikaner

Ergibt 20 - 25 Stück
Arbeitszeit ca. 50 Min.
Backzeit pro Backblech
20 - 25 Min. bei 200 Grad

ZUTATEN

100 g Margarine
140 g Zucker
3 Eier
375 g Mehl
4 Teel. Backpulver
ca. 150 g Milch
Vanillearoma

Glasur

Puderzucker
Zitronensaft oder Rum
Kakao

ZUBEREITUNG

Margarine und Zucker gut schaumig rühren, Eier nach und nach zugeben und mit aufschlagen.
Das mit Backpulver vermengte, gesiebte Mehl mit der Milch abwechselnd untermelieren.

Mit dem Spritzbeutel und großer Lochtülle auf Backfolie oder gefettete, gemehlte Backbleche Häufchen aufspritzen und diese bei 200 Grad 20-25 Min. backen.

Die Unterflächen der Amerikaner mit heller und dunkler Zuckerglasur bestreichen und beliebig ausgarnieren.

Mandeltörtchen mit Vanillekrem

Ergibt ca. 20 Stück
Arbeitszeit ca. 30 Min.
Backzeit pro Backblech
15 - 20 Min. bei 200 Grad

ZUTATEN

Mandelmürbeteig

250 g Mehl
125 g geschälte gemahlene Mandeln
125 g Zucker
200 g Butter oder Margarine
1 Ei
Salz, Zitrone, Vanille
½ Fl. Bittermandelaroma

Füllung

200 g gekochter Vanillepudding
100 g Magerquark
Zitrone
1 Dose Mandarinen oder
2 Bananen

Dekor

ca. 30 g Hobelmandeln
Staubzucker

ZUBEREITUNG

Einen Mandelmürbeteig herstellen, dünn auswellen, Plätzchen von ca. 7 cm Ø ausstechen und in die mit Hobelmandeln bestreuten Vertiefungen von Mohrenkopfformen geben.

Teigplätzchen von ca. 6 cm Ø abdecken. Bei 200 Grad ca. 15 - 20 Min. backen.
Auf eine Tortenscheibe stürzen, auf einem Gitter abkühlen lassen und mit Staubzucker besieben.

Den warmen Vanillepudding mit dem Quark verrühren und mit Zitronaroma abschmecken. Je etwas Krem und 1 - 2 Mandarinen- oder Bananenstückchen auf den Pudding geben und mit

Flammende Herzen

Ergibt ca. 24 Stück
Arbeitszeit ca. 50 Min.
Backzeit pro Backblech
ca. 12 - 15 Min.
bei ca. 200 Grad

ZUTATEN

500 g Margarine
250 g Staubzucker
4 Eier
700 g Mehl
½ Teel. Backpulver
Zitrone, Vanille
***
Johannisbeermarmelade
***
ca. 150 g Kuvertüre
20 g Biskin

ZUBEREITUNG

Margarine und Staubzucker schaumig rühren, die Eier nach und nach zugeben und mit aufschlagen. Aroma und das mit dem Backpulver gesiebte Mehl untermelieren.
Mit dem Spritzbeutel und 3er Sterntülle ca. 48 Flammende Herzen auf Backfolie oder gefettete, gemehlte Bleche spritzen und diese pro Backblech ca. 12 - 15 Min. bei 200 Grad hell backen.

Je zwei abgekühlte Herzen mit Johannisbeermarmelade zusammensetzen.

Kuvertüre und Biskin im Wasserbad auflösen und die unteren Kanten der Flammenden Herzen eintauchen. Je zwei Gebäckstücke gegeneinander auf Papier stellen, bis die Kuvertüre fest ist.

Falkenauge

Ergibt ca. 25 - 30 Stück
Arbeitszeit ca. 50 Min.
Backzeit pro Backblech
ca. 15 Min. bei 200 Grad

ZUTATEN

Mandelmürbeteig

230 g Mehl
70 g gem. Mandeln
80 g Staubzucker
170 g Margarine
1 Ei
Zitrone, Vanille, Zimt, Salz

Spritzmasse

400 g Marzipanrohmasse
50 g Zucker
2 - 3 Eiweiß
***
ca. 1 Glas Aprikosenmarmelade

ZUBEREITUNG

Aus den angegebenen Zutaten einen Mürbeteig herstellen, auswellen, runde Plätzchen von ca. 7 cm Ø ausstechen und diese leicht anbacken.

Mit dem Spritzbeutel und einer 3er Sterntülle Kreise auf die Mürbeteigplätzchen spritzen und diese bei 200 Grad hell fertig backen.

Marzipanrohmasse mit Zucker und Eiweiß zu einem glatten, geschmeidigen Teig verarbeiten.

Die Aprikosenmarmelade gut durchkochen lassen und in die Mitte der abgekühlten Plätzchen füllen.

Bobbes

Ergibt ca. 20 Stück
Arbeitzeit ca. 30 Min.
Backzeit pro Backblech
ca. 20 - 25 Min. bei 200 Grad

ZUTATEN

Mürbeteig

350 g Mehl
75 g Mondamin
1 Teel. Backpulver
250 g Butter
125 g Staubzucker
1 Ei und 1 Eigelb
Salz, Zitrone, Vanille

Marzipanfüllung

150 g Marzipanrohmasse
20 g Butter
50 g Zucker
1 Ei
15 g Mehl

Früchtemischung

200 g Sultaninen
100 g Korinthen
100 g gehackte Mandeln
50 g Orangeat
evtl. 2 El. Rum

Streusel

80 g Mehl
50 g Zucker
50 g Butter
Salz, Zimt, Zitrone, Vanille
***
Milch o. Eiweiß zum Bestreichen
Staubzucker

ZUBEREITUNG

Aus den angegebenen Zutaten einen Mürbeteig herstellen.
Für die Marzipanfüllung die Marzipanrohmasse mit der Butter glatt rühren, Zucker und Ei unterrühren und das Mehl untermischen.
Früchte vermengen, evtl. Rum zugeben und etwas ziehen lassen.
Die Zutaten für die Streusel miteinander verreiben.

Den Mürbeteig ca. 60 x 25 cm groß auswellen und die Marzipanfüllung aufstreichen.

Die Früchte aufstreuen und den Teig aufrollen.

Die Oberfläche mit Milch oder Eiweiß bestreichen und mit Streuseln bestreuen. Im Kühlschrank gut durchkühlen lassen.

In ca. 3 cm breite Stücke schneiden und bei 200 Grad ca. 20 - 25 Min. backen. Erkalten lassen und mit Staubzucker bestäuben.

Russische Brezeln

Ergibt 20 Stück
Arbeitszeit ca. 30 Min.
Backzeit pro Backblech
ca. 20 Min. bei 200 Grad

ZUTATEN

Mürbeteig

250 g Mehl
100 g Zucker
125 g Margarine
1 Ei
Salz, Zimt, Zitrone, Vanille
***
600 g aufgetauter Blätterteig
***
1 Ei
Hagelzucker
grob gehackte Mandeln
Aprikosenmarmelade

ZUBEREITUNG

Einen Mürbeteig zubereiten und diesen zu einer Platte von ca. 40 x 48 cm Größe auswellen. Den Blätterteig zu zwei Platten von 40 x 48 cm Größe auswellen. Eine Blätterteigplatte mit Wasser bepinseln, den Mürbeteig darauf geben, diesen mit Wasser bepinseln und die zweite Blätterteigplatte auflegen.

Den Teig in 2 cm breite Streifen schneiden, diese spiralförmig drehen und zu Brezeln formen.

Die Brezeln mit dem verquirlten Ei bestreichen und mit der Oberfläche in die Hagelzucker-Mandel-Mischung tauchen.
Bei ca. 200 Grad ca. 20 Min. hellgelb backen.

Zum Schluß die Brezeln mit der aufgekochten Aprikosenmarmelade bestreichen.

Nußecken

Ergibt ca. 32 Stück
Arbeitszeit ca. 45 Min.
Backzeit ca. 10 Min. vorbacken,
ca. 20 Min. fertigbacken
bei ca. 180 - 200 Grad

ZUTATEN

1 Rezept Mürbeteig
Marmelade

Belag

500 g Zucker
250 g gem. Haselnüsse
200 g gehobelte Haselnüsse
220 g Eiweiß (ca. 7 St.)
Zimt, Zitronenaroma

Glasur

30 g süße Sahne
20 g Honig
100 g Kuvertüre

ZUBEREITUNG

Den Mürbeteig zubereiten, auswellen und ein großes Backbleck damit auslegen. Mit der Gabel mehrmals einstechen und im vorgeheizten Backofen bei 200 Grad hell anbacken.

Den angebackenen Mürbeteigboden erst mit Marmelade bestreichen, dann die Nußmasse darauf verteilen.
Bei 180 - 200 Grad ca. 20 Min. hellbraun backen.

Zucker, Nüsse und Eiweiß in einem Kochtopf vermischen.
Auf der Kochplatte die Nußmasse so lange abrösten, bis sie sich vom Topfboden löst. Dabei mit einem kräftigen Kochlöffel ständig rühren. Zimt und Zitronenaroma zugeben.

Vom Backblech schieben und in ca. 32 Dreiecke schneiden.
Sahne und Honig erwärmen, von der Kochstelle nehmen, die grob gehackte Kuvertüre einrühren und schmelzen lassen.
Die Schnittkanten mit der Schokoladenglasur bestreichen.

Schweizer Nußgebäck

Ergibt ca. 32 Stück
Arbeitszeit ca. 45 Min.
Backzeit ca. 10 Min. vorbacken,
ca. 15 Min. fertigbacken
bei ca. 180 Grad

ZUTATEN

Mürbeteig

250 g Mehl
100 g Zucker
125 g Margarine
1 Ei
Salz, Zimt, Zitron, Vanille

Belag

400 g Sahne
200 g Zucker
250 g Honig
200 g Haselnüsse
200 g Walnüsse

ZUBEREITUNG

Den Mürbeteig zubereiten, auswellen und ein ca. 40 x 34 cm großes Backblech damit auslegen.
Mit der Gabel mehrmals einstechen und im vorgeheizten Backofen bei ca. 200 Grad hell anbacken.
Haselnüsse und Walnüsse grob hacken.

Die Nußmasse sofort gleichmäßig auf den angebackenen Mürbeteig streichen.
Bei ca. 180 Grad ca. 15 Min. goldgelb backen.

Vom Backblech schieben und abkühlen lassen.
Das kalte Nußgebäck in ca. 8 x 5 cm große Stücke schneiden.

Sahne, Zucker und Honig gut durchkochen lassen, dann die gehackten Nüsse untermischen.

Florentiner Hefeschnecken

Ergibt ca. 35 Stück
Arbeitszeit ca. 40 Min.
Backzeit pro Backblech
ca. 20 Min. bei 200 Grad

ZUTATEN

Hefeteig

¼ l Milch
100 g Zucker
2 Eier
40 g frische Hefe
1 Teel. Salz
1 Prise Muskat
Zitrone, Vanille
600 g Mehl
100 g Margarine oder Butter

Füllung

300 g gem. Haselnüsse
150 g Zucker
2 Eier
Zimt
evtl. etwas Milch

Belag

40 g süße Sahne
40 g Zucker
40 g Butter
1 El. Honig
100 g Hobelmandeln
***
ca. 35 Gebäckkapseln

ZUBEREITUNG

Aus den angegebenen Zutaten einen Hefeteig herstellen und diesen zugedeckt ca. 30 Min. gehen lassen.
In der Zwischenzeit die Zutaten für die Füllung zusammenrühren. Den Teig zu einer großen Platte auswellen, mit der Füllung bestreichen und zusammenrollen.

In ca. 35 Stücke schneiden und diese in Gebäckkapseln setzen. Zugedeckt ca. 15 Min. gehen lassen.

Für den Belag Sahne, Zucker, Butter und Honig gut durchkochen lassen, bis das Ganze dickflüssig ist. Von der Kochstelle nehmen und die Hobelmandeln untermischen.

Den Belag über die Schnecken verteilen und diese im vorgeheizten Backofen bei 200 Grad ca. 20 Min. goldgelb backen.

Nußbeugerl

Ergibt ca. 25 Stück
Arbeitszeit ca. 50 Min.
Backzeit pro Backblech
ca. 20 Min. bei ca. 200 Grad

ZUTATEN

Karlsbaderteig

450 g Hefeteig
300 g Mürbeteig

Füllung

300 g gem. Haselnüsse
150 g Zucker
3 Eier
1½ Teel. Zimt
Zitrone, Vanille
***
1 verquirltes Ei zum Bestreichen

ZUBEREITUNG

Hefeteig und Mürbeteig auf der Arbeitsplatte gut zusammen vermengen und zugedeckt ca. 20 Min. ruhen lassen.

Für die Füllung alle Zutaten miteinander vermischen und diese mit dem Spritzbeutel und 8er Lochtülle auf die Teilchen spritzen. Zusammenrollen und zu Hörnchen formen.

Den Teig in ca. 30 g schwere Stückchen teilen. Die Teigstückchen rund formen und die Teigkugeln oval auswellen.

Mit der Naht nach unten auf gefettete oder mit Backfolie ausgelegte Backbleche setzen und mit dem verquirlten Ei bestreichen.
Ca. 10 Min. gehen lassen, dann bei ca. 200 Grad ca. 20 Min. backen.

Schwedische Semlor

Ergibt 16 - 20 Stück
Arbeitszeit ca. 50 Min.
Backzeit pro Backblech
ca. 15 - 20 Min. bei 200 Grad

ZUTATEN

Hefeteig

| ¼ l Milch |
| 100 g Zucker |
| 1 Teel. Salz |
| Zitrone, Vanille, Muskat |
| 2 Eier |
| 40 g Hefe |
| ca. 600 g Mehl |
| 100 g Margarine |

***

| 1 verquirltes Ei zum Bestreichen |

Füllung

| ca. 100 g warme Milch |
| 100 g Marzipanrohmasse |
| 400 g süße Sahne |
| 1 Teel. Zucker |
| 3 Blatt Gelatine |

Dekor

| Staubzucker |

ZUBEREITUNG

Milch, Zucker, Gewürze, Eier und Hefe auf ca. 40 Grad erwärmen.
Erst Mehl, dann die Margarine zugeben und alles zu einem geschmeidigen Teig verarbeiten. Zugedeckt ca. 20 - 30 Min. gehen lassen.
Den Hefeteig in 16 - 20 Stücke teilen, rund formen und auf gefettete Backbleche oder auf Backfolie setzen.

Die Teigkugeln etwas flach drücken und zugedeckt ca. 15 Min. gehen lassen. Mit dem verquirlten Ei bestreichen und im vorgeheizten Backofen bei 200 Grad ca. 15 - 20 Min. backen.

Abgekühlt die Deckel abschneiden und die Semlor etwas aushöhlen.
Die Krume mit der warmen Milch und dem Marzipan vermischen und wieder in die Semlor füllen.

Sahne mit Zucker steif schlagen, die aufgelöste Gelatine unterrühren und mit dem Spritzbeutel und 8er Sterntülle auf die Marzipanfüllung spritzen. Die Deckel auflegen und leicht mit Staubzucker besieben.

Berliner Pfannkuchen

Ergibt ca. 20 Stück
Arbeitszeit ca. 80 Min.
Backzeit pro Backvorgang
ca. 8 Min.

ZUTATEN

Teig

200 g Milch
8 g Salz
50 g Zucker
1 Ei
4 Eigelb
50 g Hefe
500 g Mehl
70 g Margarine
***
Fett zum Ausbacken
Marmelade zum Füllen
Zimtzucker und Staubzucker

ZUBEREITUNG

Milch, Salz, Zucker, Ei, Eigelb und Hefe auf ca. 40 Grad erwärmen. Gleichzeitig die Hefe mit der Hand zerdrücken und dabei die Temperatur der Milch kontrollieren, damit die Hefe nicht durch zuviel Wärme zerstört wird.
Von der Herdplatte nehmen und zuerst das Mehl, dann die weiche, jedoch nicht flüssige Margarine zugeben und den Teig gut durchkneten, bis er glatt ist und Blasen wirft. Zugedeckt ca. 25 Min. gehen lassen, dann zusammenschlagen und nochmals ca. 15 Min. gehen lassen.

Backfett in der Friteuse auf 180 Grad erhitzen und je nach Größe der Friteuse einen Teil der Berliner mit der Oberseite zuerst hineinlegen.

Den Deckel schließen, nach 4 Min. den Topf öffnen, die Berliner wenden und im offenen Topf ca. 4 Min. fertig backen.
Auf saugfähigem Küchenpapier abtropfen lassen.

Den Teig in ca. 20 Stücke teilen, rund formen, auf ein bemehltes Tuch setzen, etwas platt drücken und zugedeckt ruhen lassen, bis die Teigstücke schön aufgegangen sind.

Im Zimt-Zucker wenden, mit dem Spritzbeutel und Berlinertülle die Marmelade am Rand einspritzen und die Oberfläche mit Staubzucker besieben.

Weihnachtsstollen Dresdner Art

Ergibt 4 Stollen à 1,5 kg
Arbeitszeit ca. 3 Stunden
Backzeit ca. 60 Min. bei 200 Grad

ZUTATEN

Vorteig
3/8 l Milch	
50 g Zucker	
120 g frische Hefe	
500 g Mehl	

Teig
7 Eigelb	
220 g Zucker	
20 g Salz	
1 Msp. Muskat	
2 Pck. Kardamom	
2 Zitronenaroma	
2 Vanillearoma	
3/8 l Milch	
1400 g Mehl	
500 g Butter	
150 g Rinderfett	

Früchte
1300 g Sultaninen	
150 g Zitronat	
125 g Orangeat	
200 g grob gehackte Mandeln	
50 g Stiftmandeln	
1 Bittermandelaroma	
3 El. Rum	

Marzipanfüllung
150 g Marzipanrohmasse	
3 El. Rum	

Tränke
1/2 l Wasser	
150 g Zucker	
1 Zimtstange	
1 Zitrone	
ca. 3 El. Rum	

Fertigstellung
ca. 200 g Butter	
ca. 300 g Zucker	
ca. 150 g Staubzucker	

ZUBEREITUNG

Für den Vorteig Milch, Hefe und Zucker auf ca. 40 Grad erwärmen, Mehl zugeben und glatt rühren. Zugedeckt 15 Min. ruhen lassen.

Für die Teigzubereitung Eigelb, Zucker, Aromastoffe, erwärmte Milch, Mehl und die weiche Butter in dieser Reihenfolge mit dem Vorteig verarbeiten.

Tip

Um eine zu starke Bräunung auf der Unterseite der Stollen zu vermeiden, belegt man das Backblech mit starker Pappe und Butterbrotpapier und setzt darauf die Stollen.
Die Benutzung von Stollenringen verhindert ein Breitlaufen der Stollen.

Das Rinderfett erwärmen, abkühlen lassen und vor dem Erstarren unter den Teig arbeiten. Den Teig gut durchkneten und ca. 20 Min. zugedeckt gehen lassen.

Wasser, Zucker, Zimtstange und die gewaschene, aufgeschnittene Zitrone ca. 30 Min. leise durchkochen lassen. Zum Schluß den Rum zugeben und die Stollen sofort nach dem Backen von allen Seiten damit bepinseln. Anschließend mit der heißen Butter bestreichen und rundum mit Zucker bestreuen. Am nächsten Tag mit Staubzucker besieben und verpacken.

Früchte mit Rum vermischen und zugedeckt an einer warmen Stelle mindestens 1 Stunde oder besser über Nacht ziehen lassen.
Nach der Garzeit auf der Arbeitsplatte in den Teig eindrücken.

Die Hälfte des Teiges kühl stellen, damit die Garzeit verzögert wird. Aus der anderen Hälfte 2 Stollen formen, die mit Rum weich gemachte Marzipanrohmasse einstreichen, die Stollen zusammenklappen, auf das Backblech setzen und zugedeckt nochmals ca. 15 Min. gehen lassen.
Im vorgeheizten Backofen bei 200 Grad ca. 60 Min. backen.
Nach der halben Backzeit der ersten beiden Stollen mit der anderen Teighälfte genauso verfahren.

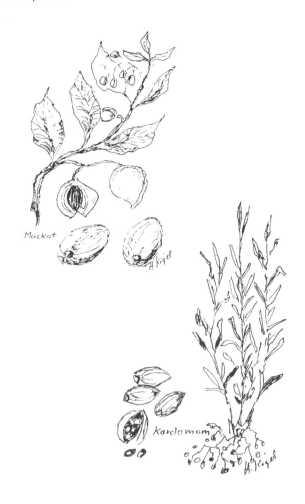

Früchtebrot

Ergibt 4 Laibe à ca. 700 g
Arbeitszeit ca. 60 Min.
Backzeit ca. 50 - 60 Min.
bei 200 Grad

ZUTATEN

350 g getrocknete Birnen
350 g getrocknete Zwetschgen
400 g getrocknete Feigen
***
350 g Sultaninen
250 g Korinthen
100 g grob gehackte Walnüsse
50 g grob gehackte Mandeln
50 g grob gehackte Haselnüsse
50 g Zitronat
50 g Orangeat
3 - 4 El. Kirschwasser
***
200 g Hutzelbrühe
40 g Hefe
50 g Zucker
3 El. Kirschwasser
250 g Weizenmehl
***
250 g Roggenmehl
½ Teel. Salz
1 Zitronenaroma
1 Teel. gem. Zimt
1 Teel. Kardamom
½ Teel. Fenchel
¼ Teel. Muskat
¼ Teel. gem. Nelken

Dekor

Aprikosenmarmelade
Nüsse, Mandeln, Belegfrüchte
Staubzucker, Kirschwasser

ZUBEREITUNG

Birnen, Zwetschgen und Feigen grob schneiden, in ca. ½ l Wasser gut aufkochen, abtropfen und abkühlen lassen. Die Flüssigkeit (Hutzelbrühe) auffangen.
Die übrigen Früchte mischen und mit Kirschwasser tränken.

200 g Hutzelbrühe, Zucker, Hefe und Kirschwasser auf 40 Grad erwärmen, mit dem Weizenmehl vermischen und zugedeckt ca. 10 Min. ruhen lassen.
Roggenmehl und Gewürze zugeben, durchkneten und alle Früchte auf der Arbeitsplatte unterarbeiten. Zugedeckt ca. 30 Min. gehen lassen.

Ein Backblech mit einem mittelstarken Karton belegen und diesen mit Backpapier abdecken. Dadurch wird eine zu starke Bräunung der Früchtebrote auf der Unterseite verhindert.
Von dem Teig 4 Laibe formen, auf das vorbereitete Backblech setzen und mit nassen Händen glatt streichen. Nochmals zugedeckt ca. 30 Min. gehen lassen. Im vorgeheizten Backofen bei 200 Grad ca. 50 - 60 Min. backen.

Die noch warmen Früchtebrote mit aufgekochter Aprikosenmarmelade bestreichen, mit Nüssen, Mandeln und Früchten garnieren und mit einem Guß aus Staubzucker und Kirschwasser glasieren.
Abgekühlt in Folie verpacken.

Elisenlebkuchen

Ergibt 30 - 35 Stück
Arbeitszeit ca. 45 Min.
Backzeit pro Backblech
20 - 25 Min. bei 160 Grad

ZUTATEN

150 g Marzipanrohmasse
200 g Eiweiß (6 - 7 St.)
275 g gem. Haselnüsse
350 g Zucker
25 g Mehl
1 Msp. Hirschhornsalz
50 g Zitronat
Zimt, Nelken, Koriander, Zitrone, Vanille,
Walnußkerne oder geschälte, halbierte Mandeln
30 - 35 Oblaten von 5 - 6 cm Ø
ca. 125 g Staubzucker
wenig Rum oder Zitronensaft

ZUBEREITUNG

Marzipanrohmasse in einen Kochtopf geben und mit wenig Eiweiß verkneten.
Haselnüsse, Zucker und das übrige Eiweiß untermischen und die Masse auf der Herdplatte unter ständigem Rühren so lange abrösten, bis sie sich vom Topfboden löst.

Mehl, Hirschhornsalz, feingehacktes Zitronat und die Gewürze unterrühren.

Den Teig kuppelförmig auf die Oblaten streichen, mit je einer halben Mandel oder einem Walnußkern belegen und ca. 1 Stunde trocknen lassen. Dann bei 160 Grad im vorgeheizten Backofen pro Backblech ca. 20 - 25 Min. backen.

Die noch heißen Elisenlebkuchen dünn mit Staubzuckerglasur bestreichen.

Zimtsterne

Ergibt ca. 60 Stück
Arbeitszeit ca. 60 Min.
Backzeit pro Backblech
ca. 10 Min. bei ca. 180 Grad

ZUTATEN

Teig

60 g Marzipanrohmasse
100 g Eiweiß - ca. 3 St.
200 g fein gem. Haselnüsse
100 g fein gem. Mandeln
400 g Staubzucker
10 g gem. Zimt
***
gem. Haselnüsse zum Auswellen

Glasur

1-2 Eiweiß
150 - 200 g Staubzucker

ZUBEREITUNG

Marzipanrohmasse mit wenig Eiweiß weich machen.
Nüsse, Mandeln, Staubzucker und Zimt zugeben.
Nach und nach das restliche Eiweiß untermischen, den Teig gut durcharbeiten und zugedeckt einige Stunden oder über Nacht kühl stellen.

Für die Glasur Eiweiß mit soviel Staubzucker verrühren, bis sie schön glatt, zäh und streichfähig ist.

Den Teig auf wenig gem. Nüssen ca. 1 cm dick auswellen.
Sterne ausstechen, mit einem spitzen Messer die Glasur aufstreichen und nicht zu dicht auf mit Backpapier oder Backfolie belegte Backbleche setzen.
Im vorgeheizten Backofen bei ca. 180 Grad ca. 10 Min. backen.

Nach dem Backen die Backfolie vom Backblech ziehen und die Zimtsterne erst abkühlen lassen, dann von der Folie nehmen.
Backpapier zieht man nach dem Backen auf eine gut angefeuchtete Arbeitsplatte, die Zimtsterne lassen sich nach dem Auskühlen leicht ablösen.

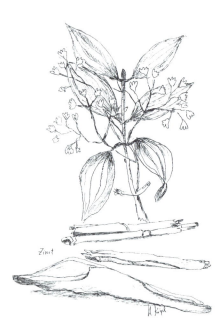

Mandelneapolitaner

Ergibt ca. 100 Stück
Arbeitszeit ca. 90 Min.
Backzeit pro Backblech
ca. 10 - 12 Min. bei 200 Grad

ZUTATEN

250 g Butter
250 g Zucker
3 Eier
250 g Mehl
50 g geschälte, gem. Mandeln
1 Prise Salz
Vanillearoma
***
Marmelade zum Füllen
Kuvertüre zum Schraffieren

ZUBEREITUNG

Butter, Zucker und Gewürze mit dem Handrührgerät schaumig rühren, dabei die Eier nach und nach zugeben.
Mehl und Mandeln mit dem Kochlöffel unterarbeiten.

Mit dem Spritzbeutel und kleiner Lochtülle Häufchen auf gefettete, gemehlte Backbleche spritzen.
Da die Plätzchen beim Backen breit laufen, dürfen sie nicht zu dicht nebeneinander aufgespritzt werden.
Im vorgeheizten Backofen bei 200 Grad ca. 10 - 12 Min. backen.

Die gebackenen Plätzchen sofort vom Backblech lösen und erkalten lassen.
Je zwei Plätzchen mit wenig Marmelade zusammensetzen und dicht nebeneinander auf die Arbeitsfläche legen.

Wenig Kuvertüre im Wasserbad auflösen, in ein Papiertütchen füllen und die Plätzchen damit schraffieren.

Walnußgebäck

Ergibt ca. 80 Stück
Arbeitszeit ca. 30 Min.
Backzeit pro Backblech
ca. 10 Min. bei 200 Grad

ZUTATEN

200 g Butter	
100 g Staubzucker	
1 Eigelb	
Salz, Vanillearoma	
100 g grob gehackte Walnüsse	
100 g Orangeat oder Zitronat	
300 g Mehl	

ZUBEREITUNG

Butter, Staubzucker und Eigelb schaumig rühren. Salz und Vanillearoma zugeben.
Orangeat, Walnüsse und Mehl unterarbeiten.

Zwischendurch die halbfesten Rollen mit dem Brettchen nachformen.

In ca. 1/2 cm dicke Scheibchen schneiden und diese bei 200 Grad ca. 10 Min. hellgelb backen.

Aus dem Teig drei Rollen von ca. 4 cm Ø formen und diese kühl stellen, damit sie sich besser schneiden lassen.

Feines Buttergebäck

Ergibt ca. 75 Stück
Arbeitszeit ca. 60 Min.
Backzeit pro Backblech
ca. 10 Min. bei 200 Grad

ZUTATEN

375 g Mehl
250 g Butter
125 g Staubzucker
1 Ei oder 2 Eigelb
je 1 Prise Salz und Zimt Zitrone, Vanille
***
ca. ½ Glas Marmelade
ca. 1 Tasse Staubzucker
wenig Zitronensaft
Kuvertüre

ZUBEREITUNG

Mehl auf den Arbeitstisch geben, Staubzucker, Butter, Ei und Gewürze neben dem Mehl mit der Hand kurz vermengen.
Das Mehl darübergeben und mit beiden Händen zu Streuseln verreiben.
Dann schnell zu einem glatten Teig zusammenarbeiten und evtl. zugedeckt im Kühlschrank ruhen lassen.

Den Teig mit wenig Mehl dünn auswellen, mit beliebigen Förmchen ausstechen und nicht zu dicht auf die Backbleche legen. (Bei Buttergebäck erübrigt sich das Einfetten der Backbleche).

Bei 200 Grad im vorgeheizten Backofen pro Backblech ca. 10 Min. backen.

Jeweils die gleichen Plätzchenformen mit wenig Marmelade zusammensetzen. Die Oberseite der Plätzchen mit Staubzuckerglasur bestreichen und dicht nebeneinander setzen.

Wenig Kuvertüre im Wasserbad erwärmen, in ein Papiertütchen füllen und die Plätzchen damit schraffieren.

Schwarz-Weiß-Gebäck

Ergibt ca. 130 Stück
Arbeitszeit ca. 50 Min.
Backzeit pro Backblech
ca. 10 Min. bei 200 Grad

ZUTATEN

Heller Teig

375 g Mehl
125 g Staubzucker
250 g Butter
1 Ei
je 1 Prise Zimt, Salz, Zitrone, Vanille

Dunkler Teig

150 g Mehl
20 g Kakao
50 g Staubzucker
100 g Butter
1 Eiweiß
je 1 Prise Zimt, Salz, Zitrone, Vanille

ZUBEREITUNG

Aus den angegebenen Zutaten einen hellen und einen dunklen Mürbeteig zubereiten. Zugedeckt im Kühlschrank etwas ruhen lassen.
Beide Teigsorten ca. 1 cm dick auswellen; 5 helle und 4 dunkle, 1 cm breite und ca. 20 cm lange Stangen schneiden; mit wenig Wasser bestreichen und im Karo zusammensetzen. Kalt stellen und absteifen lassen.

Beide Teigsorgen ca. ½ cm dick auswellen; 5 helle und 3 dunkle Streifen von ca. 3 cm Breite und ca. 20 cm Länge zuschneiden; mit wenig Wasser bepinseln und zusammensetzen. Kühl stellen und absteifen lassen.

Beide Teigsorten ca. 3 mm dick auswellen, den hellen Teig mit wenig Wasser bestreichen; den dunklen Teig darauflegen, mit Wasser bestreichen und zusammenrollen. Kühl stellen und absteifen lassen.

Den dunklen Teigrest mit etwas hellem Teig vermengen, zu Rollen formen und kühl stellen.

Den restlichen hellen Teig dünn auswellen, mit wenig Wasser bepinseln und die Karo-, Streifen- und Marmorstangen damit einschlagen. Kühl stellen.

Die gekühlten Teigstangen mit einem Brettchen schön nachformen, in Scheiben schneiden und im vorgeheizten Backofen bei 200 Grad ca. 10 Min. hell backen.

Haselnußmakronen

Ergibt ca. 100 Stück
Arbeitszeit ca. 30 Min.
Backzeit pro Backblech
ca. 10 - 12 Min. bei 180 Grad

ZUTATEN

400 g gem. Haselnüsse
500 g Zucker
ca. 200 g Eiweiß - 6 St.
Zimt, Zitrone
evtl. ganze Haselnüsse zum Belegen

ZUBEREITUNG

Nüsse, Zucker und Eiweiß in einem Kochtopf vermengen.

Auf der Kochplatte die Nußmasse so lange abrösten, bis sie sich vom Rand und Topfboden löst. Dabei mit einem kräftigen Kochlöffel ständig rühren. Zimt und Zitronenaroma zugeben.

Die Masse kurz abkühlen lassen und mit dem Dressierbeutel und 8er Lochtülle kleine Häufchen auf mit Butterbrotpapier oder Backfolie belegte Backbleche spritzen.
Je nach Wunsch die Makronen mit ganzen Haselnüssen belegen und pro Backblech ca. 10 - 12 Min. bei 180 Grad backen.

Sofort nach dem Backen das Papier mit den Plätzchen auf eine gut angefeuchtete Arbeitsplatte legen und abkühlen lassen.
Anschließend lassen sie sich leicht von dem Papier lösen.

Tip

Auf diese Art stellt man auch Mandel- und Kokosmakronen her. Allerdings werden dafür etwa 2 Eiweiß weniger benötigt. Die Eiweißmenge ist ausreichend, wenn die Masse vor dem Abrösten fest ist und sich nur schwer rühren läßt.
Während des Röstens wird sie dann etwas weicher.
Die so hergestellten Makronen sind sehr saftig und weich.
Zum Aufbewahren gibt man sie in ein Gefäß, schließt den Deckel nicht zu fest und stellt es in einen kühlen Raum.

Buttergebäck mit Nußhäufchen

Ergibt 160 - 170 Stück
Arbeitszeit ca. 60 Min.
Backzeit pro Backblech
ca. 10 Min. bei ca. 180 Grad

ZUTATEN

Teig

375 g Mehl
125 g Staubzucker
250 g Butter
1 Ei
Salz, Zimt, Zitrone, Vanille
***
1 Ei zum Bestreichen

Nußmakronenmasse

400 g fein gemahlene Haselnüsse
500 g feiner Zucker
ca. 200 g Eiweiß
Zimt, Zitrone

ZUBEREITUNG

Einen Mürbeteig herstellen, dünn auswellen und mit dem verquirlten Ei bestreichen.

Mit möglichst wenig Abfall Plätzchen von ca. 4 cm Ø ausstechen und nicht zu dicht auf ungefettete Backbleche setzen. Teigreste kurz zusammendrücken, auswellen, bestreichen und ausstechen, bis alles verbraucht ist.

Nüsse und Zucker in einem Kochtopf mit soviel Eiweiß vermengen, bis sich die Masse mit dem Kochlöffel schwer verrühren läßt.
Auf der Herdplatte so lange abrösten, bis die Masse weicher wird und sich vom Topfboden löst. Dabei ständig mit dem Kochlöffel rühren. Aroma untermischen.

Mit dem Spritzbeutel und 8er Lochtülle kleine Häufchen auf die Butterplätzchen spritzen.
Evtl. hochstehende Spitzen mit dem leicht befeuchteten Finger betupfen. Die Plätzchen bei ca. 180 Grad ca. 10 Min. backen.

Pfeffernüsse

Ergibt ca. 85 Stück
Arbeitszeit ca. 50 Min.
Backzeit pro Backblech
12 - 15 Min. bei 180 Grad

ZUTATEN

| 3 Eier |
| 300 g Zucker |
| 400 g Mehl |
| 1 gestr. Teel. Hirschhornsalz |
| 1 gestr. Teel. Piment |
| 1 gestr. Teel. Kardamom |
| 1 gestr. Teel. Nelken |
| 1 gestr. Teel. Koriander |
| 1 Msp. Muskat |
| 30 g Orangeat, sehr fein gehackt |
| *** |
| wenig Kirschwasser |

ZUBEREITUNG

Eier und Zucker gut schaumig rühren.

Mehl und Gewürze mit dem Kochlöffel untermelieren.
Den Teig zugedeckt etwas ruhen lassen.

Anschließend ca. 1 cm dick auswellen, mit einem runden Ausstecher von 2 cm Durchmesser kleine Plätzchen ausstechen und nicht zu dicht auf gefettete, bemehlte Backbleche setzen.
Ca. 1 Tag trocknen lassen.

Die Unterseite der getrockneten Plätzchen mit dem Finger mit wenig Kirschwasser befeuchten und mit der befeuchteten Seite nach oben wieder auf die Backbleche setzen.
Bei 180 Grad ca. 12 - 15 Min. backen.

Anisplätzchen

Ergibt ca. 160 - 180 Stück
Arbeitszeit ca. 50 Min.
Backzeit pro Backblech
ca. 10 Min. bei 160 - 170 Grad

ZUTATEN

4 Eier = 200 g
250 g feiner Zucker
250 g Mehl
Anissamen
evtl. einige Tropfen Wasser

ZUBEREITUNG

Mehl auf dem Backblech ca. 1 Stunde im Backofen bei 50 Grad erwärmen.
Eier und Zucker im heißen Wasserbad sehr warm, auf ca. 70 - 80 Grad, schaumig schlagen, die Masse in eine kalte Schüssel geben und weiter schlagen, bis sie wieder kalt ist.
Diesen Vorgang noch zweimal wiederholen.

Mehl mit Anissamen kurz untermelieren. Ein bis zwei Probeplätzchen aufspritzen. Sollte der Teig zu fest sein, einige Tropfen Wasser zugeben.

Auf gefettete, gemehlte und mit Anissamen bestreute Backbleche mit dem Spritzbeutel und mittlerer Lochtülle kleine Plätzchen aufspritzen und diese ca. 30 Min. bis max. 3 Stunden trocknen lassen.

Die Plätzchen müssen dann an der Oberfläche eine Haut haben und sich auf dem Backblech verschieben lassen.
Im vorgeheizten Backofen bei 160 - 170 Grad ca. 10 Min. backen.

Tip

Unter das Backblech noch ein leeres Backblech schieben.
Die Anisplätzchen auf keinen Fall auf Backfolie oder Papier spritzen, da sie darauf nicht richtig trocknen und deshalb keine Füßchen bekommen.

Zedernbrot

Ergibt ca. 60 Stücke
Arbeitszeit ca. 30 Min.
Backzeit pro Backblech
ca. 10 Min. bei ca. 180 Grad

ZUTATEN

400 g Marzipanrohmasse

40 g feiner Zucker

100 g feingehackte Pistazien oder Mandeln

Zitronensaft

Staubzucker zum Auswellen

Glasur

1 Eiweiß

150 - 200 g Staubzucker

ZUBEREITUNG

Marzipanrohmasse mit Zucker, Pistazien oder Mandeln und Zitronensaft nach Wunsch verkneten.

Mit Staubzucker ca. 1 cm dick auswellen.
Eiweiß mit Staubzucker zu einer nicht zu festen Glasur verrühren und diese über den Marzipanteig streichen.

Einen runden Ausstecher von ca. 5 cm Ø in warmes Wasser tauchen und damit fortlaufend Halbmonde ausstechen. Auf mit Backfolie belegte Backbleche setzen und bei ca. 180 Grad ca. 10 Min. hell backen.

Haselnuß-Früchte-Pralinen

Ergibt ca. 50 Stück
Zubereitungszeit ca. 30 Min.

ZUTATEN

200 g grob gehackte Haselnüsse

5 getrocknete, kleingehackte Pflaumen

5 getrocknete, kleingehackte Aprikosen

200 g Vollmilchkuvertüre

40 g Biskin

***

ca. 50 Pralinenkapseln

ZUBEREITUNG

Haselnüsse im Backofen hell rösten und abkühlen lassen.

Früche und Nüsse zusammen untermischen.

Kuvertüre mit dem Biskin im Wasserbad schmelzen.

Kleine Häufchen auf Butterbrotpapier setzen, fest werden lassen, vom Papier nehmen und in Pralinenkapseln setzen.

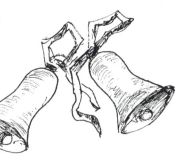

Marzipanrosen und Rosenblätter

Ergibt ca. 5 Rosen
und 5 Rosenblätter

ZUTATEN

100 g Marzipanrohmasse
50 g Staubzucker
Lebensmittelfarben rosa, gelb, grün

ZUBEREITUNG

Marzipanrohmasse mit dem Staubzucker auf der Arbeitsplatte verkneten.

Jeweils einen kleinen Teil angewirkten Marzipan mit wenig Lebensmittelfarbe vermischen und damit sehr sparsam den übrigen Marzipan färben.
Ca. 100 g rosa, 30 g grün, 20 g gelb.

Den rosa gefärbten Marzipan zu einer ca. 3 cm dicken Rolle formen, diese in dünne Scheibchen schneiden, je eine kleine Kugel gelben Marzipan aufdrücken und mit dem Teigschaber glatt und nach außen etwas dünner ausstreichen.
Mit einem glatten Messer die Rosenblätter vom Tisch lösen.

Etwas Marzipan zu einem kegelförmigen Blütenstempel formen und ein Rosenblatt ansetzen.

Ein zweites Rosenblatt dagegen setzen. Darauf achten, daß eine Seite am Stempel anliegt und die andere Seite leicht aufgedreht wird.

Weitere drei Rosenblätter etwas rund drücken und verschränkt in der Höhe der ersten Blätter ansetzen. Die nach außen stehenden, dünnen Kanten leicht umbiegen.

Mit dem Messer die Rose unten gerade abschneiden.

Marzipanrosenblätter

Den grün gefärbten Marzipan mit wenig Staubzucker dünn auswellen und mit einem scharfen Messer Blätter ausschneiden.

Mit dem Messerrücken einkerben und die Außenkanten leicht eindrücken.

Die Blätter über einen Rundstab legen und ca. 30 Min. antrocknen lassen.

Marzipankarotten

Ergibt ca. 16 Stück

ZUTATEN

100 g Marzipanrohmasse
50 g Staubzucker
Lebensmittelfarbe rosa und grün

ZUBEREITUNG

Angewirkten, gefärbten Marzipan zu einer Rolle formen, in ca. 3 cm lange Stückchen schneiden und diese mit einem Butterbrettchen zu Karotten formen.

Mit dem Messerrücken einkerben.

Wenig grün gefärbter Marzipan durch ein feines Haarsieb drücken und an die dicken Enden der Möhren ansetzen.

Marzipanblüten

Ergibt ca. 16 - 18 Stück

ZUTATEN

50 g Marzipanrohmasse
25 g Staubzucker
Lebensmittelfarbe rosa und gelb
wenig Staubzucker für die Glasur

ZUBEREITUNG

Angewirkten Marzipan natur belassen oder rosa oder gelb färben. Mit wenig Staubzucker auswellen, kleine Rosetten ausstechen und diese in leicht gebogene Schälchen, z. B. Eierbecher, legen.
Wenig Staubzucker mit Wasser spritzfähig verrühren, evtl. färben und kleine Tupfen in die Mitte spritzen. Mit weißer Zuckerglasur ausgarnieren.

Marzipannelken

Ergibt 5 - 6 Nelken

ZUTATEN

50 g Marzipanrohmasse
25 g Staubzucker
Lebensmittelfarbe rosa

ZUBEREITUNG

Angewirkten, gefärbten Marzipan zu 5 - 6 ca. 30 cm langen, dünnen Rollen formen.
Mit dem Löffelrücken die Rollen breit ausstreichen, eine Längskante soll etwas dünner ausgestrichen werden.

Mit einem glatten Messer die Marzipanstreifen von der Arbeitsplatte lösen und die dünneren Seiten ca. 1/2 cm tief einschneiden.

Die Streifen locker aufrollen.

An den Unterseiten etwas zusammendrücken, damit sich die Nelken oben leicht öffnen. Mit dem Messer unten gerade abschneiden.

Marzipanfächer

ZUTATEN

150 g Marzipanrohmasse
75 g Staubzucker
50 g Kuvertüre

ZUBEREITUNG

Marzipanrohmasse mit dem Staubzucker auf der Arbeitsplatte verkneten.

Mit wenig Staubzucker dünn auswellen, auf eine Tortenscheibe legen und mit dem Tortenring ausstechen. Kuvertüre im Wasserbad auflösen, aber nicht warm werden lassen und mit der Winkelpalette dünn aufstreichen.

Mit den engen Zacken des Garnierkamms die Oberfläche abkämmen.

Nach dem Anziehen der Kuvertüre in 16 Stücke schneiden.

Mit der Rückseite einer Spritztülle in der Mitte der Marzipanplatte ein Loch ausstechen, damit die Fächerspitzen auf der Torte nicht übereinander liegen.

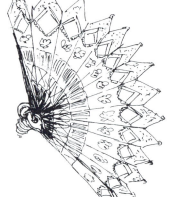

Schokoladendekor

Grob gehackte Kuvertüre im Wasserbad zum Teil auflösen, aus dem Wasserbad nehmen und die restliche Kuvertüre in der Wärme der schon aufgelösten Kuvertüre schmelzen lassen. Dabei umrühren. Auf einen Bogen Pergamentpapier gießen und mit der Palette gleichmäßig und dünn aufstreichen.

Beliebige Formen ausstechen, Blüten evtl. mit Tupfen aus Marzipan oder Zuckerglasur garnieren.

Temperierte Kuvertüre mit dem Spritztütchen auf Pergamentpapier spritzen und fest werden

lassen. Auf dem Papier bis zum Verbrauch aufbewahren.

Rosenblätter waschen und trockentupfen. Mit dem Pinsel die temperierte Kuvertüre nicht zu dünn auf die Rückseite der Rosenblätter streichen und fest werden lassen. Mit einem spitzen Messer die Rosenblätter von den Schokoladenblättern lösen.

■ Garniervorschläge, die man erst auf der Tortenscheibe üben sollte.

Spritztütchen

Aus festem Butterbrotpapier ein Dreieck schneiden, in der Mitte der geraden Seite festhalten und von oben nach unten waagrecht zur Mitte einrollen.

Die nun entstandene Spitze leicht festhalten und das Tütchen weiter von oben nach unten einrollen. Die untere Ecke steht dann oben etwas vor und wird nach innen eingeschlagen.

Nicht zu viel Glasur einfüllen, oben gut zusammendrücken und mehrmals umfalten. Die Spitze mit der Schere abschneiden.

Aus dem Inhalt

Vorwort 3
Wichtige Tips rund ums Backen 4
Praktische Geräte erleichtern das Backen . 6

Kuchen aus Hefeteig

Gefüllter Hefekranz 7
Hefezöpfe mit Aprikosen 8
Florentiner Hefezöpfe 9
Nougatzöpfe 10
Apfelstreifen 11
Kirschenstrudel 12
Deutscher Plunderteig mit Apfelfüllung . . 13
Dänischer Rollkuchen 14
Gefüllte Hefeballen 15
Bienenstich 16
Mandelkuchen mit Kirschenfüllung . . . 17
Streuselkuchen 18
Zimtkremkuchen 19
Käse-Kirschkuchen 20
Käsekuchen mit Streusel 21
Eierschecke 22
Aprikosen-Kremkuchen 23
Kiwi-Nußkuchen 24
Kirschkuchen mit Wiener Masse . . . 25
Mascarponekuchen mit Stachelbeeren . . 26
Aprikosenkuchen 27
Aprikosen-Quarkkuchen 28
Weintraubenkuchen 29
Toskaner Obstkuchen 30
Rhabarberkuchen 31

Kuchen aus Mürbeteig

Rahmkuchen 32
Gedeckter Apfelkuchen 33
Brombeerkuchen 34
Kirsch-Streusel-Kuchen 35
Stachelbeer-Sandkuchen 36
Nußkuchen 37
Kirschkuchen mit Rahmguß 38
Pfirsischkuchen mit Mandelguß . . . 39
Marschallkuchen 40
Ananaskuchen 41
Birnenkuchen 42
Linzer Schichttorte 43

Rührmassen

Rührkuchen-Variation 44
Altdeutscher Sandkuchen 45
Gewürz-Apfelkuchen 46
Spanische Vanilletorte 47
Rehrücken 48
Walnußkuchen 49
Kerscheplotzer 50
Nußkranz 51
Englischer Früchtekuchen 52
Schokoladen-Mandelkuchen 53
Sachertorte 54
Fürstenschnitte 55
Feiner Napfkuchen von gerührtem Hefeteig 56
Savarin 57

Biskuit, Schokoladenbiskuit, Wiener Masse

Biskuit, Schokoladenbiskuit, Wiener Masse 58
Obstkuchen 59

Biskuitrouladen

Zitronenroulade 60
Sahnerolle „Williams Christ" 61
Biskuitrolle mit Himbeersahne . . . 62
Mandarinenroulade 63
Weinbrand-Sahneroulade 64
Schwarzwälder Kirschroulade . . . 65
Bananenschnitte 66
Tutti-Frutti-Dessert 60
Nougatsahneroulade 68
Schokoladenroulade 69
Rouladen-Dessert-Streifen 70

Sahnetorten

Eierlikör-Sahnetorte 72
Vorbereitung für Zitronen- u. Apfelsinentorten 73
Zitronensahnetorte 74
Apfelsinensahnetorte 75
Pfälzer Weinkremsahnetorte . . . 76
Schwarzwaldtorte 78
Schwarzwälder Kirschtorte 79

	SEITE		SEITE
Käse-Sahne-Torte	80	Spritzballen	122
Erdbeer-Sahnetorte	81	Frangipantörtchen	123
Birnensahnetorte	82	Amerikaner	124
Sahnetorte „Tiramisu"	83	Mandeltörtchen mit Vanillekrem	125
Stracciatella-Sahnetorte	84	Flammende Herzen	126
Burgunder Kirschsahnetorte	85	Falkenauge	127
Amaretto-Sahnetorte	86	Bobbes	128
Diplomaten-Sahnetorte	87	Russische Brezeln	129
Sabayonsahnetorte	88	Nußecken	130
Marmorsahnetorte	89	Schweizer Nußgebäck	131
Kiwi-Sahnekremtorte	90	Florentiner Hefeschnecken	132
Aprikosen-Sahnekremtorte	91	Nußbeugerl	133
Vanillesahnetorte	92	Schwedische Semlor	134
Südfruchtsahnetorte	93	Berliner Pfannkuchen	135
Apfelsahnetorte	94		
Apfel-Sahnekremtorte	95	**Weihnachtsbäckerei**	
Holländer Kirschtorte	96	Weihnachtsstollen Dresdner Art	136
Flockensahnetorte	97	Früchtebrot	138
Ananas-Sahnekranz	98	Elisenlebkuchen	139
Rum-Nuß-Sahnekranz	99	Zimtsterne	140
Sonnenblume	100	Mandelneapolitaner	141
Schokoladensahnetorte	101	Walnußgebäck	142
		Feines Buttergebäck	143
Kremtorten		Schwarzweiß-Gebäck	144
Frankfurter Kranz	102	Haselnußmakronen	146
Fürst-Pückler-Torte	103	Buttergebäck mit Nußhäufchen	147
Kabinett-Torte	104	Pfeffernüsse	148
Karolatorte	105	Anisplätzchen	149
Prager Kirschtorte	106	Zedernbrot	150
Pistazienkremtorte	107	Haselnuß-Früchte-Pralinen	151
Trüffeltorte	108		
Haselnußkremtorte	109	**Marzipan- und Schokoladendekor**	
Kirschwasser-Sandtorte	110	Marzipanrosen	152
Mainzer Torte	111	Marzipanrosenblätter	153
		Marzipankarotten und Marzipanblüten	154
Kleingebäck		Marzipannelken	155
Petits fours	112	Marzipanfächer	156
Sahne-Omeletts	113	Schokoladendekor	157
Gemischte Obstschnitten mit Sahnefüllung	114	Spritztütchen und Garniervorschläge	158
Bunte Obsttörtchen	115		
Mohrenköpfe	116		
Schillerlocken	117		
Prasselkuchen	118		
Schweinsohren	119		
Apfelstrudel mit Blätterteig	120		
Tiroler Apfelstrudel	121